베트남어 쓰기 노트

쓰기 노트

STEP 2

송유리 · 시원스쿨베트남어연구소 지음

베트남어 쓰기 노트 STEP 2

초판 1쇄 발행 2019년 3월 5일

펴낸이 양홍걸 이시원
펴낸곳 ㈜에스제이더블유인터내셔널

저자 송유리 · 시원스쿨베트남어연구소
기획총괄 최지환
기획편집 황의선 NGUYEN THI HOAI AN

출판총괄 조순정
디자인 김현철 유형숙
조판 유형숙
마케팅 장혜원 이현정 이윤재 이성원
제작·지원 김석성 양수지

임프린트 시원스쿨
홈페이지 www.siwonschool.com
주소 서울시 영등포구 국회대로74길 12 남중빌딩 시원스쿨
도서문의 안내
대량구입문의 02)2014-8151 **팩스** 02)783-5528
기타문의 02)6409-0878
등록번호 2010년 10월 21일 제 321-2010-0000219

이 책은 『시원스쿨 베트남어 왕초보탈출 2탄』 강의 내용을 기반으로 제작되었습니다.

* 파본은 교환해 드립니다.
* 책값은 뒤표지에 있습니다.
* LOT SW F-190222 P02

저자의 글

베트남어 표현을 써본다는 것은 어떤 특별한 재능과 상관없이 누구나 배우고, 누릴 수 있는 즐거움이자 행복입니다.

베트남어를 배우는 학습자에게 가장 실용적으로 베트남어를 활용할 수 있는 영역은 쓰기와 말하기일 것입니다.

베트남어를 배우는 많은 학습자가 말하기는 그럭저럭 배운다고 하더라도, 쓰기를 할 수 있는 학습자는 매우 드뭅니다. 베트남어를 능숙하게 말하는 사람조차 메일을 쓰거나 메신저, 문자를 보내는 단순한 것조차 부담스러워합니다.

『베트남어 쓰기 노트』는 실생활에서 많이 사용하는 베트남어 단어와 문장을 통해, 스스로 표현하고자 하는 실전 회화까지 구현할 수 있도록 하였습니다.

> "일상생활에서 가장 많이 쓰이는 표현들을
> 나만의 글씨체로 채워가는 시간.
> 이것은 공부를 넘어서 말을 표현하고,
> 실력을 키우고, 성장시키는 또 하나의 방법입니다."

쓰기는 베트남어 학습의 핵심이자 꽃이라고 말합니다.
『베트남어 쓰기 노트』가 여러분을 베트남어 학습의 즐거움으로 안내합니다.

저자 송유리

목차 & 구성

이 책의 구성

★ 원어민이 녹음한 MP3 음원 무료 제공 ★

★ 베트남어 따라 쓰기

베트남에서 가장 많이 쓰이는 단어와 표현을
원어민의 녹음과 함께 따라 쓸 수 있게 구성

★ 베트남어 회화 쓰기 연습

앞에서 배운 단어와 문장을 활용한 회화
(정자체/필기체)를 원어민의 녹음을 들으며
따라 쓸 수 있게 구성

학습 플랜

DAY	단원
1일	1강 / 2강 / 3강 / 4강 단어, 문장 쓰기 + 1강 / 2강 / 3강 / 4강 회화(정자체, 필기체) 쓰기
2일	5강 / 6강 / 7강 / 8강 단어, 문장 쓰기 + 5강 / 6강 / 7강 / 8강 회화(정자체, 필기체) 쓰기
3일	9강 / 10강 / 11강 / 12강 단어, 문장 쓰기 + 9강 / 10강 / 11강 / 12강 회화(정자체, 필기체) 쓰기
4일	13강 / 14강 / 15강 / 16강 단어, 문장 쓰기 + 13강 / 14강 / 15강 / 16강 회화(정자체, 필기체) 쓰기
5일	17강 / 18강 / 19강 / 20강 단어, 문장 쓰기 + 17강 / 18강 / 19강 / 20강 회화(정자체, 필기체) 쓰기
6일	21강 / 22강 / 23강 / 24강 단어, 문장 쓰기 + 21강 / 22강 / 23강 / 24강 회화(정자체, 필기체) 쓰기
7일	1강 ~ 24강 복습해 보기

7일 학습 플랜

DAY	단원
14일 학습 플랜	
1일	1강 / 2강 단어, 문장 쓰기 + 1강 / 2강 회화(정자체, 필기체) 쓰기
2일	3강 / 4강 단어, 문장 쓰기 + 3강 / 4강 회화(정자체, 필기체) 쓰기
3일	5강 / 6강 단어, 문장 쓰기 + 5강 / 6강 회화(정자체, 필기체) 쓰기
4일	7강 / 8강 단어, 문장 쓰기 + 7강 / 8강 회화(정자체, 필기체) 쓰기
5일	9강 / 10강 단어, 문장 쓰기 + 9강 / 10강 회화(정자체, 필기체) 쓰기
6일	11강 / 12강 단어, 문장 쓰기 + 11강 / 12강 회화(정자체, 필기체) 쓰기
7일	13강 / 14강 단어, 문장 쓰기 + 13강 / 14강 회화(정자체, 필기체) 쓰기
8일	15강 / 16강 단어, 문장 쓰기 + 15강 / 16강 회화(정자체, 필기체) 쓰기
9일	17강 / 18강 단어, 문장 쓰기 + 17강 / 18강 회화(정자체, 필기체) 쓰기
10일	19강 / 20강 단어, 문장 쓰기 + 19강 / 20강 회화(정자체, 필기체) 쓰기
11일	21강 / 22강 단어, 문장 쓰기 + 21강 / 22강 회화(정자체, 필기체) 쓰기
12일	23강 / 24강 단어, 문장 쓰기 + 23강 / 24강 회화(정자체, 필기체) 쓰기
13일	1강 ~ 12강 복습해 보기
14일	13강 ~ 24강 복습해 보기

★ 알아 두기!

베트남어의 호칭

• 1, 2인칭의 호칭이 고정된 것이 아니라 청자와 화자의 관계에 따라 구별하여 사용합니다.

청자 ↕ 화자	떠 밍 tớ / mình 나	짜우 cháu 손자, 손녀, 조카(뻘) 되는 아이		또이 tôi 저 ────── 앰 em 손아랫사람	껀 con 자녀	앰 em 학생
	반 bạn 친구(너)	옴 ông 할아버지, 나이가 많은 남성, 사회적 지위가 높은 남성	박 bác 큰아버지, 큰어머니	아잉 anh 형, 오빠, 자신과 나이가 비슷하거나 많은 남성	보 bố 아버지	터이 thầy (남자) 선생님
	꺼우 cậu 친구(너)	바 bà 할머니, 나이가 많은 여성, 사회적 지위가 높은 여성	쭈 chú 삼촌, 아저씨 꼬 cô 고모, 아주머니	찌 chị 누나, 언니, 자신과 나이가 비슷하거나 많은 여성	매 mẹ 어머니	꼬 cô (여자) 선생님

복수 호칭		
1인칭 복수 '우리' (청자 포함 여부로 결정)		**2, 3인칭 복수 '～들' (các (～들) + 2, 3인칭 호칭)**
청자 포함	청자 제외	깍 아잉 깍 찌 깍 반 예 các anh / các chị / các bạn 형들, 오빠들 / 누나들, 언니들 / 친구들
쭘 따 chúng ta 우리	쭘 또이 chúng tôi 우리	깍 아잉 어이 깍 찌 어이 깍 반 어이 các anh ấy / các chị ấy / các bạn ấy 그들 그녀들 친구들

베트남어
쓰기 노트
STEP 2

Bài 01 확인 표현

1

짬	열심히 하는
chăm	

문장 쓰기

깍 앰 다 헙 짬 쯔어

Các em đã học chăm chưa? 너희들 공부 열심히 했어?

2

짜 러이	대답하다
trả lời	

문장 쓰기

싸오 콤 짜 러이

Sao không trả lời? 왜 대답이 없어?

3

쌍	아침
sáng	

문장 쓰기

앰 다 안 쌍 쯔어

Em đã ăn sáng chưa? 너는 아침을 먹었어?

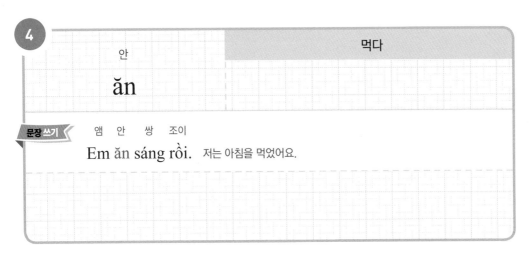

4

안 | 먹다

ăn

문장 쓰기

앰 안 쌍 조이
Em ăn sáng rồi. 저는 아침을 먹었어요.

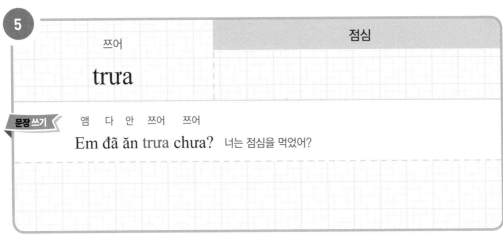

5

쯔어 | 점심

trưa

문장 쓰기

앰 다 안 쯔어 쯔어
Em đã ăn trưa chưa? 너는 점심을 먹었어?

✏️ **베트남어**를 자유롭게 써 보세요.

6

쯔어

chưa

아직 ~하지 않다

문장 **쓰기**

앰 쯔어 안 쯔어

Em chưa ăn trưa. 저는 아직 점심을 안 먹었어요.

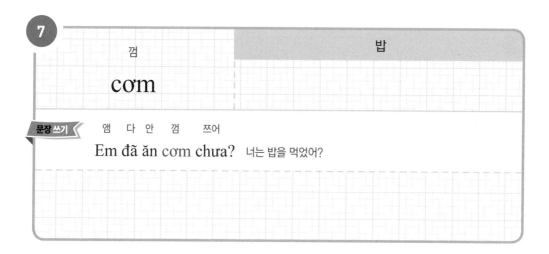

7

껌

cơm

밥

문장 **쓰기**

앰 다 안 껌 쯔어

Em đã ăn cơm chưa? 너는 밥을 먹었어?

8

조이

rồi

이미 ~했다

문장 **쓰기**

앰 안 껌 조이

Em ăn cơm rồi. 저는 이미 밥을 먹었어요.

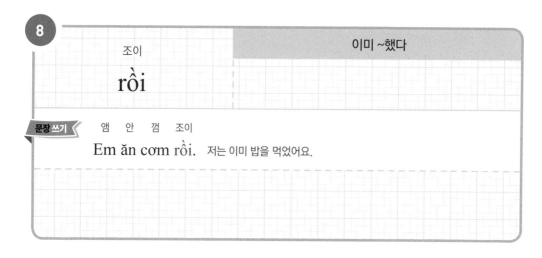

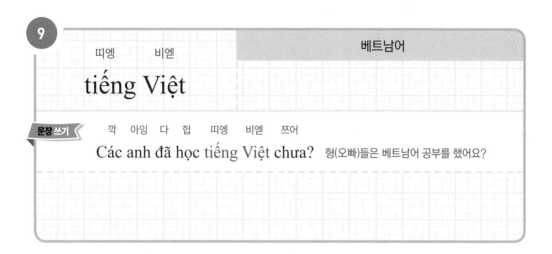

9

띠엥　비엣　　　　　　　　　　　　베트남어

tiếng Việt

문장 **쓰기**

깍　아잉　다　헙　띠엥　비엔　쯔어

Các anh đã học tiếng Việt chưa?　형(오빠)들은 베트남어 공부를 했어요?

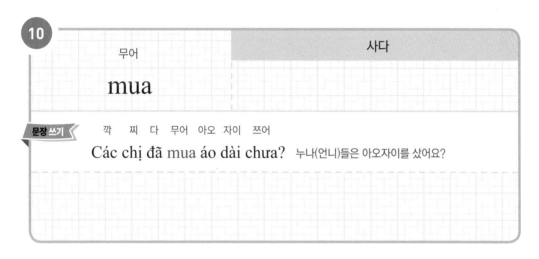

10

무어　　　　　　　　　　　　　　사다

mua

문장 **쓰기**

깍　찌　다　무어　아오　자이　쯔어

Các chị đã mua áo dài chưa?　누나(언니)들은 아오자이를 샀어요?

✏ **베트남어**를 자유롭게 써 보세요.

Bài 02 경험 표현

1

한 꾸옥

한국

Hàn Quốc

문장 쓰기

찌 다 바오 지어 쌍 한 꾸옥 쯔어

Chị đã bao giờ sang Hàn Quốc chưa?

누나(언니)는 한국에 가본 적이 있어요?

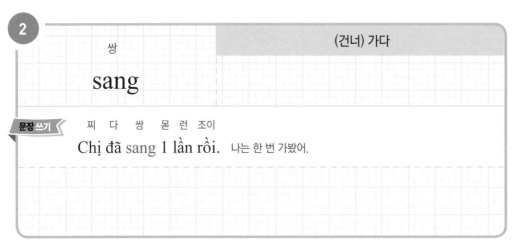

2

쌍

(건너) 가다

sang

문장 쓰기

찌 다 쌍 몯 런 조이

Chị đã sang 1 lần rồi. 나는 한 번 가봤어.

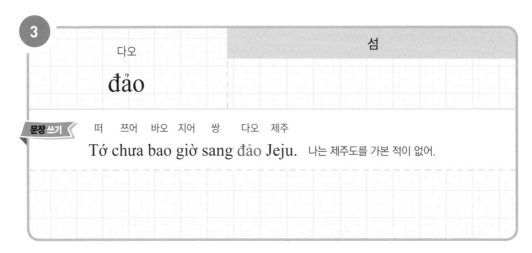

3

다오

섬

đảo

문장 쓰기

떠 쯔어 바오 지어 쌍 다오 제주

Tớ chưa bao giờ sang đảo Jeju. 나는 제주도를 가본 적이 없어.

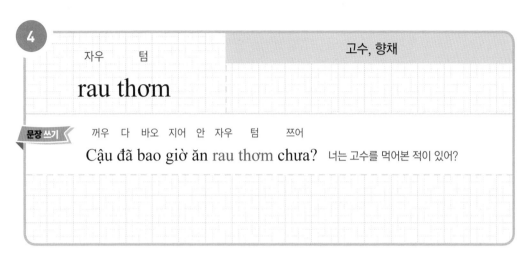

4

자우 텀

고수, 향채

rau thơm

문장 쓰기

꺼우 다 바오 지어 안 자우 텀 쯔어

Cậu đã bao giờ ăn rau thơm chưa? 너는 고수를 먹어본 적이 있어?

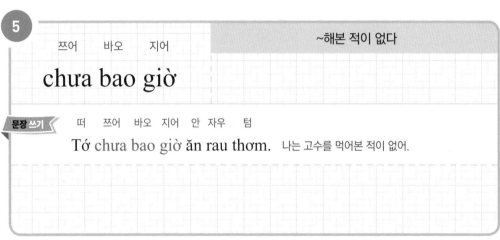

5

쯔어 바오 지어

~해본 적이 없다

chưa bao giờ

문장 쓰기

떠 쯔어 바오 지어 안 자우 텀

Tớ chưa bao giờ ăn rau thơm. 나는 고수를 먹어본 적이 없어.

✏️ **베트남어**를 자유롭게 써 보세요.

6

꼬

cô

여자 선생님, 아가씨, 아줌마

문장 쓰기

꼬 쯔어 바오 지어 안 자우 텀
Cô chưa bao giờ ăn rau thơm. 나는 고수를 먹어본 적이 없어.

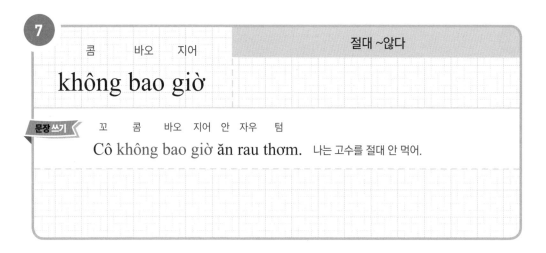

7

콤 바오 지어

không bao giờ

절대 ~않다

문장 쓰기

꼬 콤 바오 지어 안 자우 텀
Cô không bao giờ ăn rau thơm. 나는 고수를 절대 안 먹어.

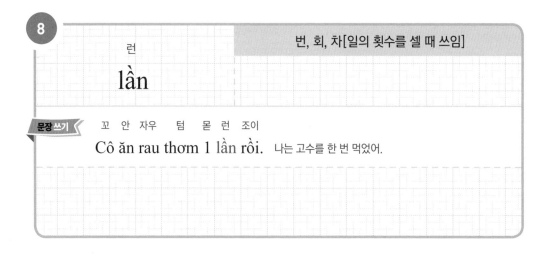

8

런

lần

번, 회, 차[일의 횟수를 셀 때 쓰임]

문장 쓰기

꼬 안 자우 텀 몯 런 조이
Cô ăn rau thơm 1 lần rồi. 나는 고수를 한 번 먹었어.

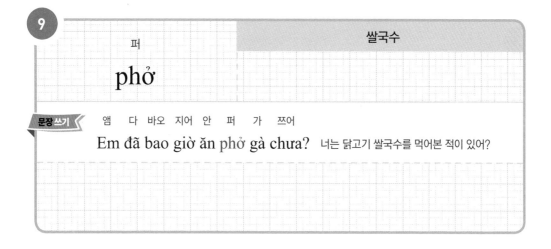

9

퍼 　　　　　　　　　　　　 쌀국수

phở

문장 쓰기 앰　다　바오　지어　안　퍼　가　쯔어

Em đã bao giờ ăn phở gà chưa? 너는 닭고기 쌀국수를 먹어본 적이 있어?

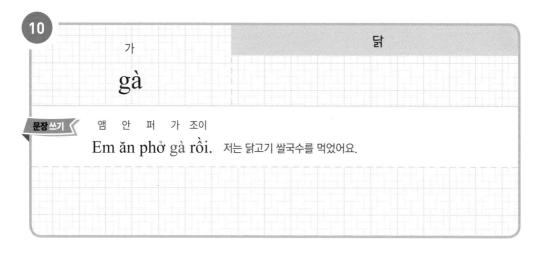

10

가 　　　　　　　　　　　　 닭

gà

문장 쓰기 앰　안　퍼　가　조이

Em ăn phở gà rồi. 저는 닭고기 쌀국수를 먹었어요.

✏️ **베트남어**를 자유롭게 써 보세요.

Bài 03 설명 표현

1

껀

còn

그리고, 그러면

문장 쓰기

비엣 남 넘 껀 한 꾸옥 라잉

Việt Nam nóng, còn Hàn Quốc lạnh.   베트남은 더워요, 그리고 한국은 추워요.

2

녓 반

Nhật Bản

일본

문장 쓰기

앰 다 바오 지어 디 녓 반 쯔어

Em đã bao giờ đi Nhật Bản chưa?   너는 일본에 가본 적이 있어?

3

코애

khỏe

건강한

문장 쓰기

아잉 코애 껀 앰

Anh khỏe. Còn em?   나는 건강해(잘 지내). 그러면 너는?

4

쪼오이	바나나

chuối

문장쓰기

아잉 틱 안 저우 바 쪼오이
Anh thích ăn dâu và chuối.   나는 딸기와 바나나 먹는 것을 좋아해.

5

응언	맛있는

ngon

문장쓰기

까이 나이 응언 바 재
Cái này ngon và rẻ.   이것은 맛있고 저렴해요.

✏️ **베트남어를** 자유롭게 써 보세요.

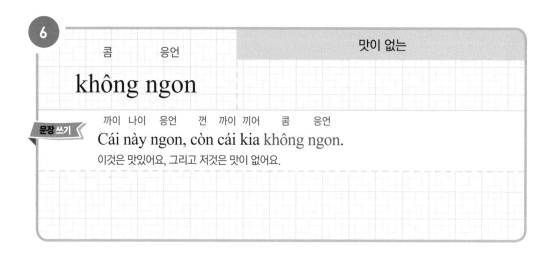

6

콤   응언   맛이 없는

không ngon

문장 쓰기

까이 나이 응언   껀   까이 끼어   콤   응언

Cái này ngon, còn cái kia không ngon.

이것은 맛있어요, 그리고 저것은 맛이 없어요.

7

퍼   버   소고기 쌀국수

phở bò

문장 쓰기

앰   안   퍼   버   껀   아잉   안   껌

Em ăn phở bò, còn anh ăn cơm.

저는 소고기 쌀국수를 먹어요, 그리고 형(오빠)은 밥을 먹어요.

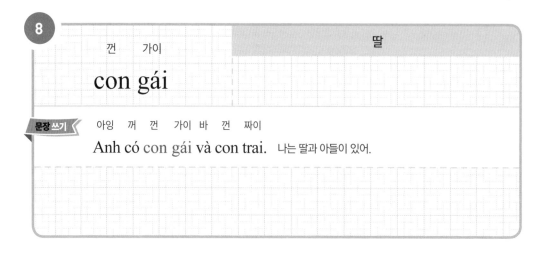

8

껀   가이   딸

con gái

문장 쓰기

아잉   꺼   껀   가이   바   껀   짜이

Anh có con gái và con trai.   나는 딸과 아들이 있어.

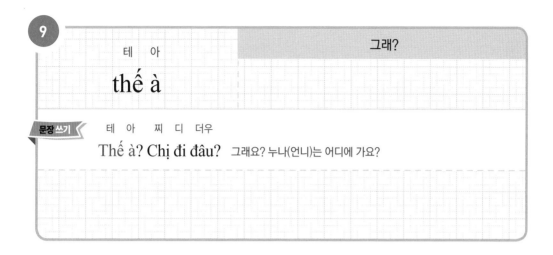

9

테 아

그래?

thế à

> 문장 **쓰기**

테 아 찌 디 더우

Thế à? Chị đi đâu? 그래요? 누나(언니)는 어디에 가요?

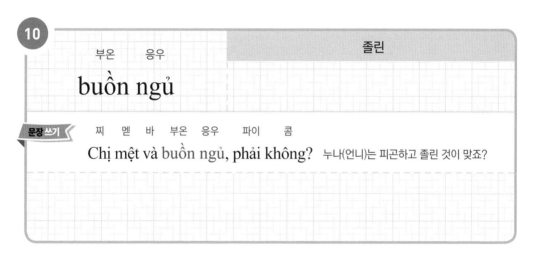

10

부온 응우

졸린

buồn ngủ

> 문장 **쓰기**

찌 멛 바 부온 응우 파이 콤

Chị mệt và buồn ngủ, phải không? 누나(언니)는 피곤하고 졸린 것이 맞죠?

✏️ **베트남어**를 자유롭게 써 보세요.

Bài 04 시간과 기간 표현

1

바오 러우

얼마 동안

bao lâu

문장 쓰기

찌 다 디 한 꾸옥 바오 러우

Chị đã đi Hàn Quốc bao lâu? 누나(언니)는 한국에 얼마 동안 갔어요?

2

다

~했다[과거 시제를 나타낼 때 쓰임]

đã

문장 쓰기

찌 다 디 몯 뚜언

Chị đã đi 1 tuần. 나는 일주일 동안 갔어.

3

헙

공부하다

học

문장 쓰기

아잉 헙 띠엥 비엣 바오 러우

Anh học tiếng Việt bao lâu? 형(오빠)은 베트남어 공부를 얼마 동안 했어요?

★ 원어민의 녹음을 들으며, 정확하게 따라 써 보세요. 🔊 T04

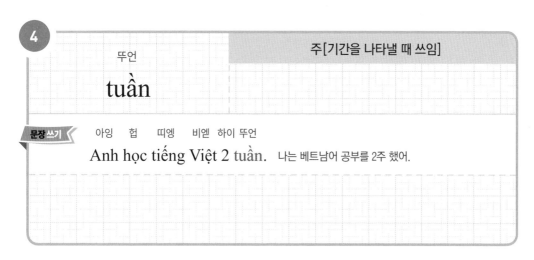

4

뚜언

주[기간을 나타낼 때 쓰임]

tuần

문장쓰기

아잉 헙 띠엥 비엣 하이 뚜언

Anh học tiếng Việt 2 tuần. 나는 베트남어 공부를 2주 했어.

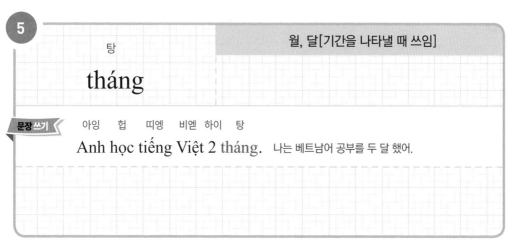

5

탕

월, 달[기간을 나타낼 때 쓰임]

tháng

문장쓰기

아잉 헙 띠엥 비엣 하이 탕

Anh học tiếng Việt 2 tháng. 나는 베트남어 공부를 두 달 했어.

✏️ **베트남어**를 자유롭게 써 보세요.

6

남

해, 년[기간을 나타낼 때 쓰임]

năm

문장 쓰기

아잉 헙 띠엥 비엗 하이 남

Anh học tiếng Việt 2 năm. 나는 베트남어 공부를 2년 했어.

7

아잉

형, 오빠

anh

문장 쓰기

아잉 헙 띠엥 비엗 몯 런 몯 뚜언

Anh học tiếng Việt 1 lần 1 tuần.
나는 베트남어 공부를 일주일에 한 번 해.

8

머이

몇

mấy

문장 쓰기

찌 헙 띠엥 아잉 머이 남

Chị học tiếng Anh mấy năm? 누나(언니)는 영어 공부를 몇 년 했어요?

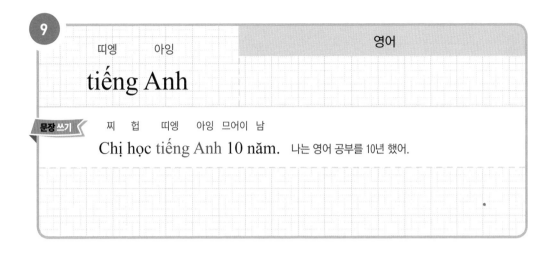

9

띠엥　　아잉

영어

tiếng Anh

문장 쓰기

찌　헙　띠엥　아잉 므어이 남

Chị học tiếng Anh 10 năm.　나는 영어 공부를 10년 했어.

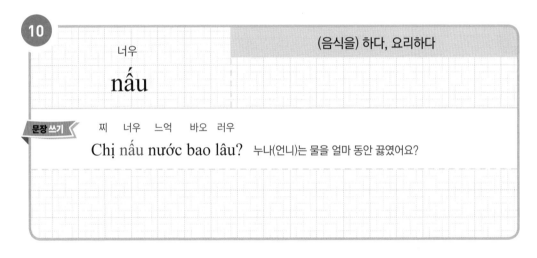

10

너우

(음식을) 하다, 요리하다

nấu

문장 쓰기

찌　너우　느억　바오 러우

Chị nấu nước bao lâu?　누나(언니)는 물을 얼마 동안 끓였어요?

✏ **베트남어**를 자유롭게 써 보세요.

1

키 나오 | 언제

khi nào

> **문장 쓰기**

찌 다 디 한 꾸옥 키 나오
Chị đã đi Hàn Quốc khi nào? 누나(언니)는 한국에 언제 가봤어요?

2

남 쯔억 | 작년

năm trước

> **문장 쓰기**

찌 다 디 한 꾸옥 바오 씽 녈 남 쯔억
Chị đã đi Hàn Quốc vào sinh nhật năm trước.
나는 작년 생일에 한국에 갔어.

3

씽 녈 | 생일

sinh nhật

> **문장 쓰기**

씽 녈 찌 응아이 머이
Sinh nhật chị ngày mấy? 누나(언니)는 생일이 며칠이에요?

4

바오

vào

~에[시간을 나타낼 때 쓰임]

문장 쓰기

아잉　쌍　비엔　남　바오　탕　므어이

Anh sang Việt Nam vào tháng 10.　나는 10월에 베트남에 가.

5

응아이

ngày

일[기간을 나타낼 때 쓰임]

문장 쓰기

아잉　쌍　한　꾸옥　바오　응아이 므어이

Anh sang Hàn Quốc vào ngày 10.　나는 10일에 한국에 가.

✏️ **베트남어**를 자유롭게 써 보세요.

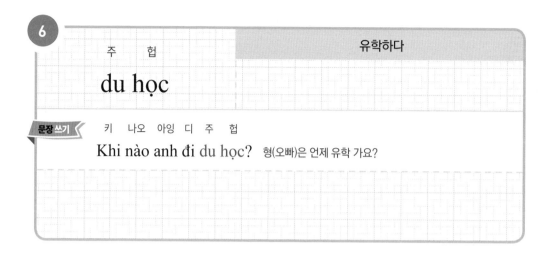

6

주 헙

유학하다

du học

문장쓰기

키 나오 아잉 디 주 헙

Khi nào anh đi du học?　형(오빠)은 언제 유학 가요?

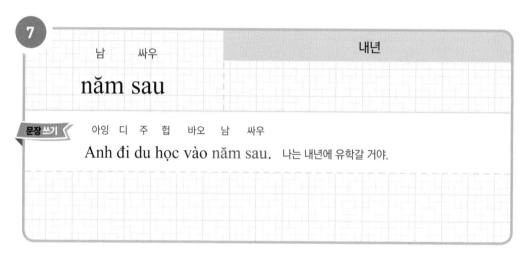

7

남 싸우

내년

năm sau

문장쓰기

아잉 디 주 헙 바오 남 싸우

Anh đi du học vào năm sau.　나는 내년에 유학갈 거야.

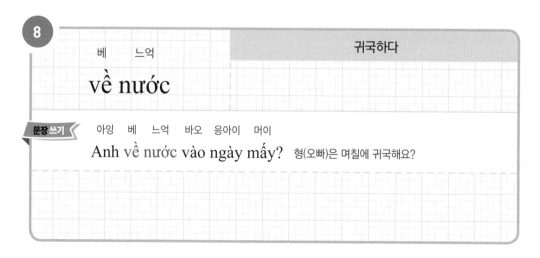

8

베 느억

귀국하다

về nước

문장쓰기

아잉 베 느억 바오 응아이 머이

Anh về nước vào ngày mấy?　형(오빠)은 며칠에 귀국해요?

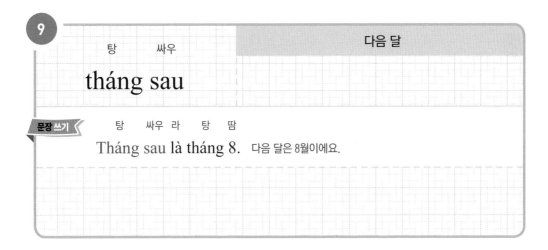

9

탕   싸우

tháng sau

다음 달

문장 쓰기

탕   싸우 라 탕   땀

Tháng sau là tháng 8.   다음 달은 8월이에요.

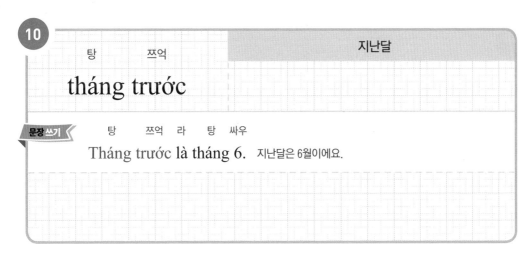

10

탕   쯔억

tháng trước

지난달

문장 쓰기

탕   쯔억 라 탕   싸우

Tháng trước là tháng 6.   지난달은 6월이에요.

베트남어를 자유롭게 써 보세요.

상태 표현

1

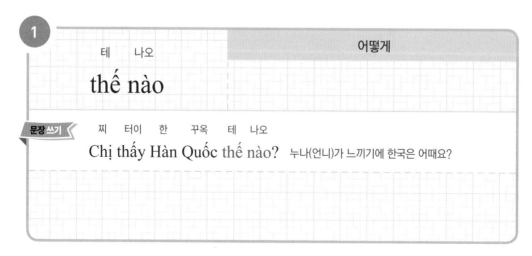

테 나오

어떻게

thế nào

문장 쓰기

찌 터이 한 꾸옥 테 나오

Chị thấy Hàn Quốc thế nào? 누나(언니)가 느끼기에 한국은 어때요?

2

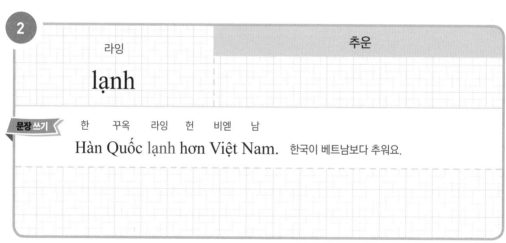

라잉

추운

lạnh

문장 쓰기

한 꾸옥 라잉 헌 비엗 남

Hàn Quốc lạnh hơn Việt Nam. 한국이 베트남보다 추워요.

3

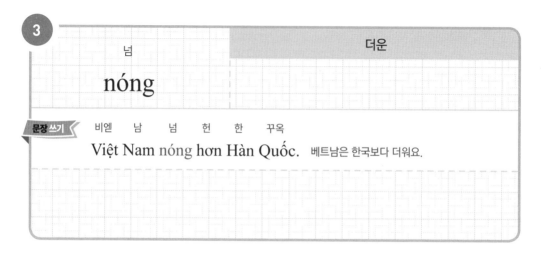

넘

더운

nóng

문장 쓰기

비엗 남 넘 헌 한 꾸옥

Việt Nam nóng hơn Hàn Quốc. 베트남은 한국보다 더워요.

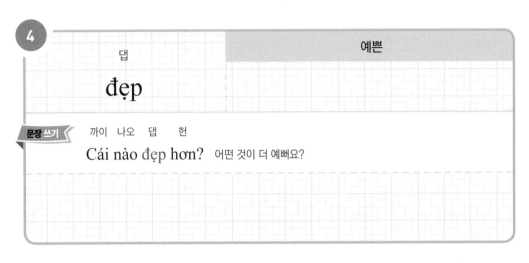

4

댑

예쁜

đẹp

문장 쓰기

까이 나오 댑 헌

Cái nào đẹp hơn? 어떤 것이 더 예뻐요?

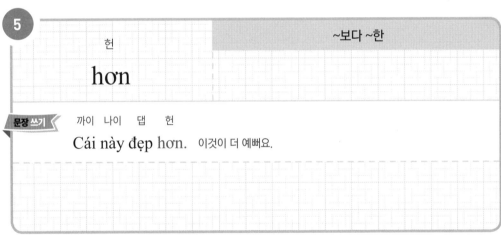

5

헌

~보다 ~한

hơn

문장 쓰기

까이 나이 댑 헌

Cái này đẹp hơn. 이것이 더 예뻐요.

✏️ **베트남어**를 자유롭게 써 보세요.

6

까이   나오

어떤 것

cái nào

문장 **쓰기**

까이 나오 닫 헌

Cái nào đắt hơn?   어떤 것이 더 비싸요?

7

닫

비싼

đắt

문장 **쓰기**

까이 끼어 닫 헌

Cái kia đắt hơn.   저것이 더 비싸요.

8

재

저렴한

rẻ

문장 **쓰기**

까이 끼어 재 헌

Cái kia rẻ hơn.   저것이 더 저렴해요.

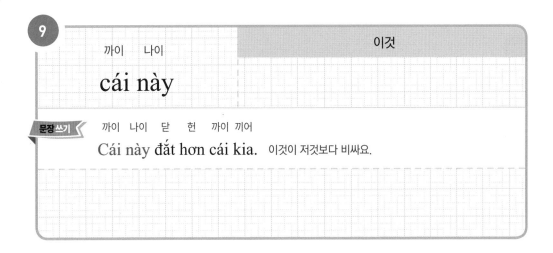

9

까이 나이

cái này

이것

문장쓰기

까이 나이 닫 헌 까이 끼어

Cái này đắt hơn cái kia.　이것이 저것보다 비싸요.

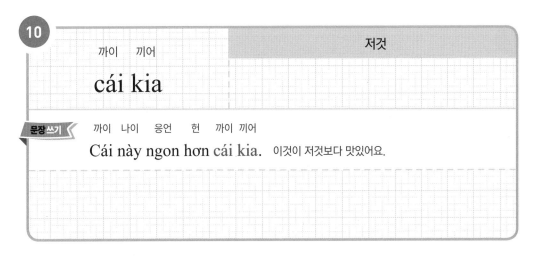

10

까이 끼어

cái kia

저것

문장쓰기

까이 나이 응언 헌 까이 끼어

Cái này ngon hơn cái kia.　이것이 저것보다 맛있어요.

✏️ **베트남어를 자유롭게 써 보세요.**

최상급 표현

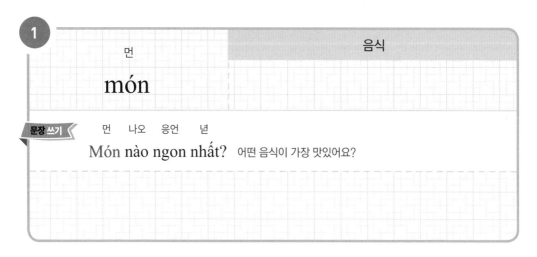

1

먼

음식

món

문장 쓰기

먼   나오   응언   녇

Món nào ngon nhất?   어떤 음식이 가장 맛있어요?

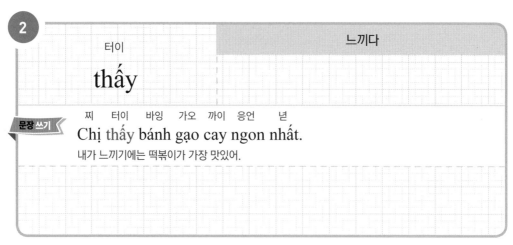

2

터이

느끼다

thấy

문장 쓰기

찌   터이   바잉   가오   까이   응언   녇

Chị thấy bánh gạo cay ngon nhất.

내가 느끼기에는 떡볶이가 가장 맛있어.

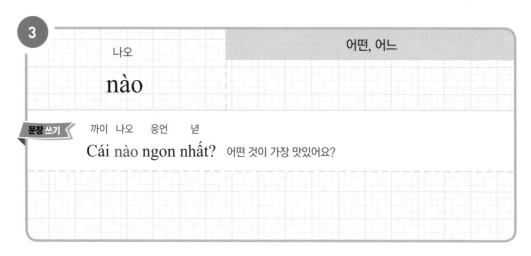

3

나오

어떤, 어느

nào

문장 쓰기

까이   나오   응언   녇

Cái nào ngon nhất?   어떤 것이 가장 맛있어요?

4

냗	가장, 제일
nhất	

문장 쓰기

까이 나이 응언 냗
Cái này ngon nhất.　이것이 가장 맛있어요.

5

어	~에(서)
ở	

문장 쓰기

까이 나오 응언 냗 어 더이
Cái nào ngon nhất ở đây?　여기에서 어떤 것이 가장 맛있어요?

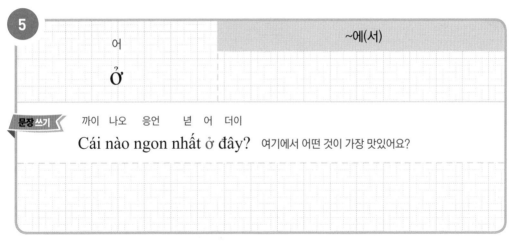

✏️ **베트남어**를 자유롭게 써 보세요.

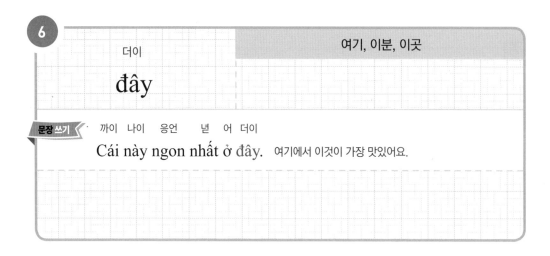

6

더이

여기, 이분, 이곳

đây

문장 쓰기

까이 나이 응언 녇 어 더이

Cái này ngon nhất ở đây.   여기에서 이것이 가장 맛있어요.

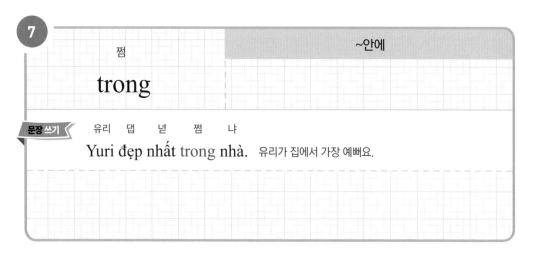

7

쩜

~안에

trong

문장 쓰기

유리 댑 녇 쩜 냐

Yuri đẹp nhất trong nhà.   유리가 집에서 가장 예뻐요.

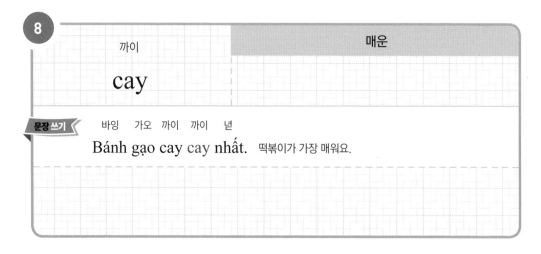

8

까이

매운

cay

문장 쓰기

바잉 가오 까이 까이 녇

Bánh gạo cay cay nhất.   떡볶이가 가장 매워요.

9

똗   좋은

tốt

문장 쓰기

까이 끼어 똗 녇 어 더이

Cái kia tốt nhất ở đây.   여기에서 저것이 가장 좋아요.

10

썸   일찍, 이른

sớm

문장 쓰기

앰 디 썸 녇

Em đi sớm nhất.   저는 가장 일찍 갔어요.

✏️ **베트남어**를 자유롭게 써 보세요.

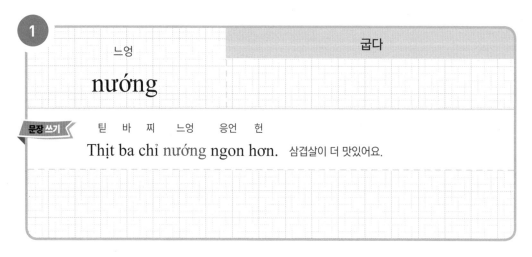

Bài 08 동급 표현

1

느엉 / 굽다

nướng

문장 쓰기

틷 바 찌 느엉 응언 헌
Thịt ba chỉ nướng ngon hơn. 삼겹살이 더 맛있어요.

2

바잉 가오 까이 / 떡볶이

bánh gạo cay

문장 쓰기

바잉 가오 까이 콤 응언 방
Bánh gạo cay không ngon bằng. 떡볶이가 그만큼 맛있지는 않아요.

3

콤 / ~이 아니다[부정을 나타낼 때 쓰임]

không

문장 쓰기

까이 나이 콤 댑 방 까이 끼어
Cái này không đẹp bằng cái kia. 이것이 저것만큼은 안 예뻐요.

4

니으

như

~처럼, ~같이[추상적인 것에 쓰임]

문장 쓰기

까이 나이 댑 니으 까이 끼어

Cái này đẹp như cái kia.   이것은 저것처럼 예뻐요.

5

쎄운

Xê-un

서울

문장 쓰기

쎄운 콤 넘 방 대구

Xê-un không nóng bằng Daegu.   서울이 대구만큼 덥지 않아요.

✏️ **베트남어**를 자유롭게 써 보세요.

6

방

bằng

~만큼(수치화 가능한 것)

> **문장 쓰기**
>
> 대구 콤 라잉 방 쎄운
> Daegu không lạnh bằng Xê-un. 대구는 서울만큼 춥지 않아요.

7

비엘 남

Việt Nam

베트남

> **문장 쓰기**
>
> 비엘 남 넘 방 다오 제주
> Việt Nam nóng bằng đảo Jeju. 베트남은 제주도만큼 더워요.

8

앰

em

동생, 손아랫사람

> **문장 쓰기**
>
> 앰 꿈 멛 니으 아잉
> Em cũng mệt như anh. 저도 형(오빠)처럼 피곤해요.

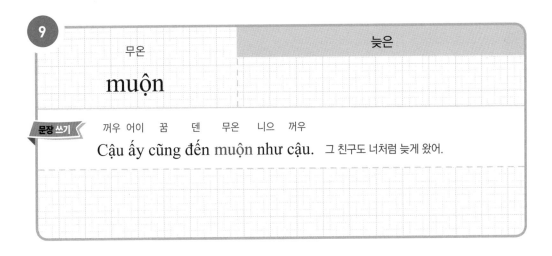

9

무온

늦은

muộn

문장 쓰기

꺼우 어이 꿈 덴 무온 니으 꺼우

Cậu ấy cũng đến muộn như cậu. 그 친구도 너처럼 늦게 왔어.

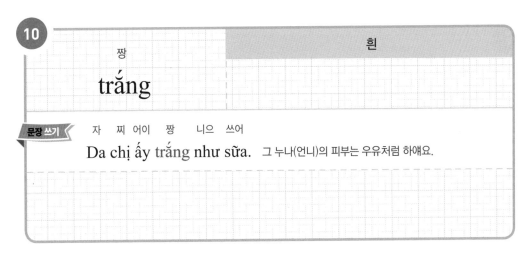

10

짱

흰

trắng

문장 쓰기

자 찌 어이 짱 니으 쓰어

Da chị ấy trắng như sữa. 그 누나(언니)의 피부는 우유처럼 하얘요.

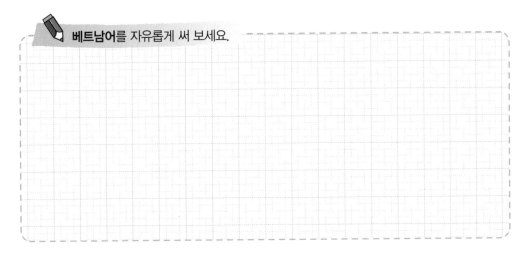

베트남어를 자유롭게 써 보세요.

교통수단 표현

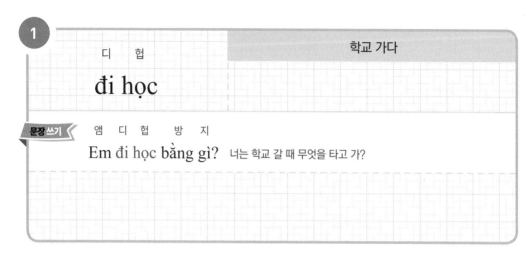

1

디 헙

đi học

학교 가다

문장 쓰기

앰 디 헙 방 지

Em đi học bằng gì? 너는 학교 갈 때 무엇을 타고 가?

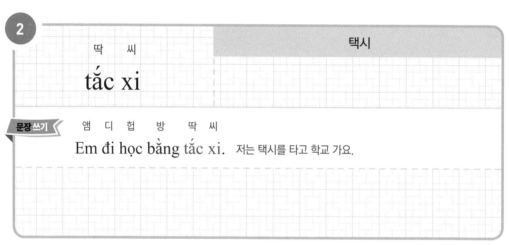

2

딱 씨

tắc xi

택시

문장 쓰기

앰 디 헙 방 딱 씨

Em đi học bằng tắc xi. 저는 택시를 타고 학교 가요.

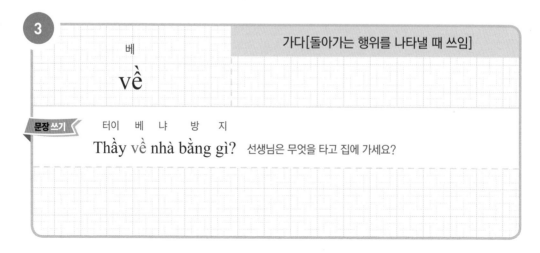

3

베

về

가다[돌아가는 행위를 나타낼 때 쓰임]

문장 쓰기

터이 베 냐 방 지

Thầy về nhà bằng gì? 선생님은 무엇을 타고 집에 가세요?

4

쌔 마이

오토바이

xe máy

문장쓰기

터이 베 냐 방 쌔 마이

Thầy về nhà bằng xe máy.   나는 오토바이를 타고 집에 가.

5

디 람

출근하다, 일하러 가다

đi làm

문장쓰기

터이 디 람 방 지

Thầy đi làm bằng gì?   선생님은 무엇을 타고 출근하세요?

✏️ **베트남어**를 자유롭게 써 보세요.

6

쌔 오 또

자동차

xe ô tô

문장 쓰기

터이 디 람 방 쌔 오 또

Thầy đi làm bằng xe ô tô. 나는 자동차를 타고 출근해.

7

방

~로[수단을 나타낼 때 쓰임]

bằng

문장 쓰기

터이 베 느억 방 지

Thầy về nước bằng gì? 선생님은 무엇을 타고 귀국하세요?

8

마이 바이

비행기

máy bay

문장 쓰기

터이 베 느억 방 마이 바이

Thầy về nước bằng máy bay. 나는 비행기를 타고 귀국해.

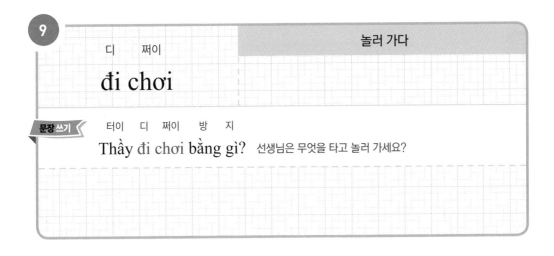

9

디 쩌이

đi chơi

놀러 가다

문장 쓰기

터이 디 쩌이 방 지

Thầy đi chơi bằng gì? 선생님은 무엇을 타고 놀러 가세요?

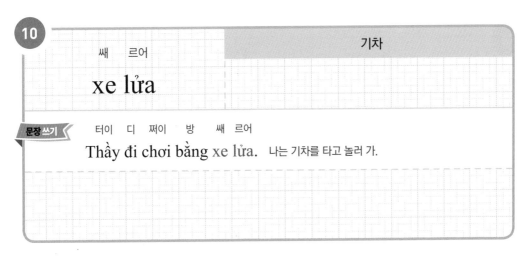

10

쌔 르어

xe lửa

기차

문장 쓰기

터이 디 쩌이 방 쌔 르어

Thầy đi chơi bằng xe lửa. 나는 기차를 타고 놀러 가.

베트남어를 자유롭게 써 보세요.

소요시간 표현

1

풀

분[시간을 나타낼 때 쓰임]

phút

문장쓰기 뜨 더이 덴 냐 앰 멑 바므어이 풀
Từ đây đến nhà em mất 30 phút. 여기에서 집까지 30분이 걸려요.

2

꼼 띠

회사

công ty

문장쓰기 뜨 냐 덴 꼼 띠 멑 바오 러우
Từ nhà đến công ty mất bao lâu? 집부터 회사까지 얼마나 걸려요?

3

띠엥

시간[시간을 나타낼 때 쓰임]

tiếng

문장쓰기 뜨 냐 덴 꼼 띠 멑 몯 띠엥
Từ nhà đến công ty mất 1 tiếng. 집부터 회사까지 한 시간이 걸려요.

4

멑

소요되다

mất

문장 쓰기

뜨 더이 덴 더 멑 바오 러우

Từ đây đến đó mất bao lâu?   여기부터 저기까지 얼마나 걸려요?

5

더

저기, 저것, 저분

đó

문장 쓰기

뜨 더이 덴 더 멑 몯 띠엥

Từ đây đến đó mất 1 tiếng.   여기부터 저기까지 한 시간이 걸려요.

✏️ **베트남어를** 자유롭게 써 보세요.

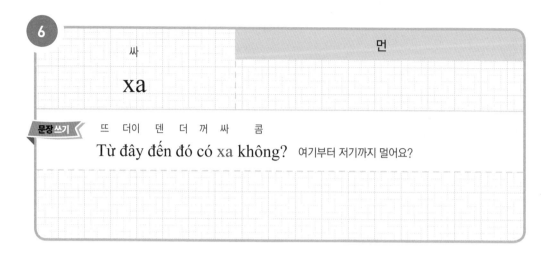

6

싸 　　　　　　　　　　　　　　　먼

xa

문장 쓰기

뜨 더이 덴 더 꺼 싸 콤

Từ đây đến đó có xa không? 　여기부터 저기까지 멀어요?

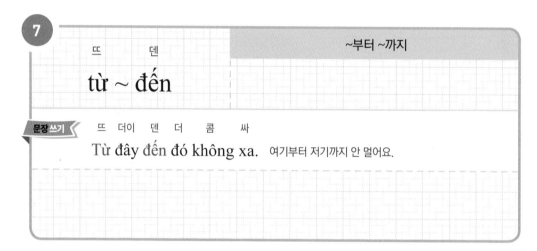

7

뜨 　　　　덴 　　　　　　　　　　　~부터 ~까지

từ ~ đến

문장 쓰기

뜨 더이 덴 더 콤 싸

Từ đây đến đó không xa. 　여기부터 저기까지 안 멀어요.

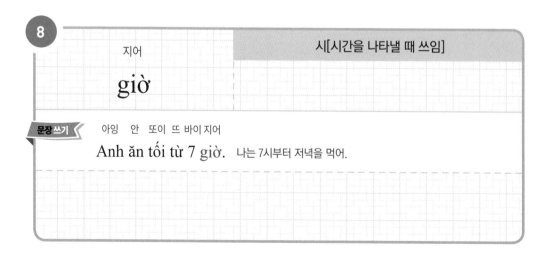

8

지어 　　　　　　　　　시[시간을 나타낼 때 쓰임]

giờ

문장 쓰기

아잉 안 또이 뜨 바이 지어

Anh ăn tối từ 7 giờ. 　나는 7시부터 저녁을 먹어.

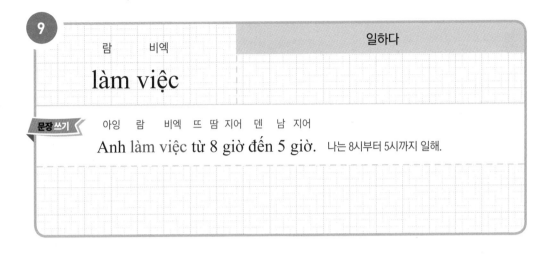

9

		일하다
람	비엑	

làm việc

아잉 람 비엑 뜨 땀 지어 덴 남 지어

Anh làm việc từ 8 giờ đến 5 giờ. 나는 8시부터 5시까지 일해.

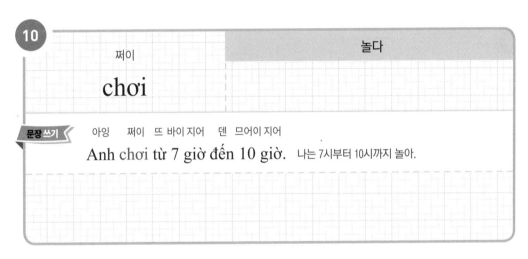

10

	놀다
쩌이	

chơi

아잉 쩌이 뜨 바이 지어 덴 므어이 지어

Anh chơi từ 7 giờ đến 10 giờ. 나는 7시부터 10시까지 놀아.

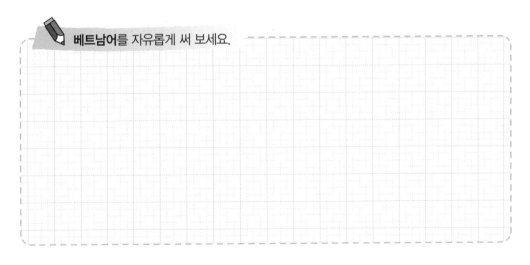

베트남어를 자유롭게 써 보세요.

계획 표현

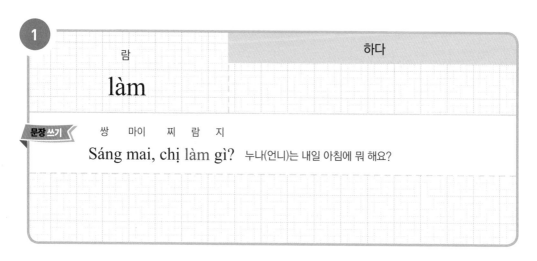

1

람 | 하다

làm

문장쓰기

쌍 마이 찌 람 지

Sáng mai, chị làm gì? 누나(언니)는 내일 아침에 뭐 해요?

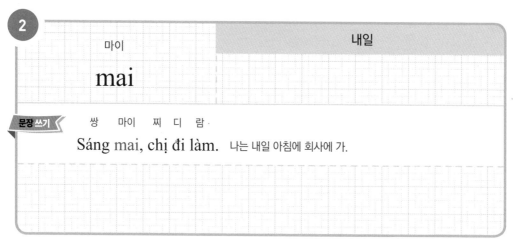

2

마이 | 내일

mai

문장쓰기

쌍 마이 찌 디 람

Sáng mai, chị đi làm. 나는 내일 아침에 회사에 가.

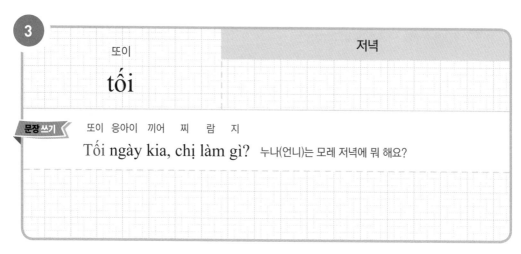

3

또이 | 저녁

tối

문장쓰기

또이 응아이 끼어 찌 람 지

Tối ngày kia, chị làm gì? 누나(언니)는 모레 저녁에 뭐 해요?

4

버이

수영하다

bơi

문장쓰기

또이 응아이 끼어 찌 디 버이

Tối ngày kia, chị đi bơi. 나는 모레 저녁에 수영하러 가.

5

홈   끼어

그저께

hôm kia

문장쓰기

홈   끼어   찌 람 지

Hôm kia, chị làm gì? 누나(언니)는 그저께 뭐 했어요?

🖊 **베트남어**를 자유롭게 써 보세요.

6

갑 | 만나다

gặp

문장 쓰기
홈 끼어 찌 갑 민지
Hôm kia, chị gặp Minji.   나는 그저께 민지를 만났어.

7

지 | 무엇

gì

문장 쓰기
쯔어 마이 찌 안 지
Trưa mai, chị ăn gì?   누나(언니)는 내일 점심으로 무엇을 먹을 거예요?

8

찌에우 | 오후

chiều

문장 쓰기
찌에우 마이 갑 민지 어 더우
Chiều mai, gặp Minji ở đâu?   내일 오후에 민지를 어디에서 만나요?

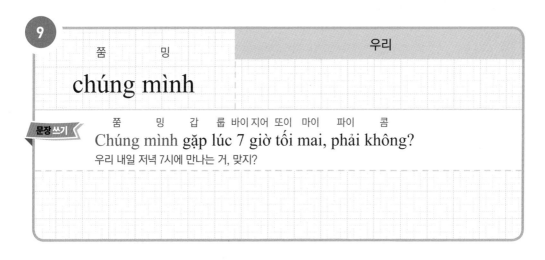

9

쭘　밍　　　　　　　　　　　　　우리

chúng mình

문장 쓰기

쭘　밍　갑　룹 바이 지어 또이 마이　파이　콤
Chúng mình gặp lúc 7 giờ tối mai, phải không?
우리 내일 저녁 7시에 만나는 거, 맞지?

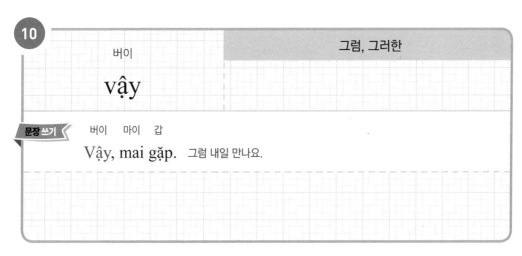

10

버이　　　　　　　　　　　　　그럼, 그러한

vậy

문장 쓰기

버이　마이　갑
Vậy, mai gặp.　그럼 내일 만나요.

✏️ **베트남어**를 자유롭게 써 보세요.

Bài 12 — 요일 표현

1

응아이 마이 / 내일

ngày mai

문장 쓰기

응아이 마이 앰 꺼 띠엘 헙 테 쥽
Ngày mai em có tiết học thể dục.   저는 내일 체육 수업이 있어요.

2

비 / 왜냐하면

vì

문장 쓰기

비 응아이 마이 라 트 바
Vì ngày mai là thứ ba.   왜냐하면 내일은 화요일이기 때문이에요.

3

홈 나이 / 오늘

hôm nay

문장 쓰기

홈 나이 라 트 머이
Hôm nay là thứ mấy?   오늘은 무슨 요일이에요?

4

트　하이

월요일

thứ hai

문장쓰기

홈　나이 라 트 하이

Hôm nay là thứ hai.　오늘은 월요일이에요.

5

트　바

화요일

thứ ba

문장쓰기

홈　나이 라 트 바

Hôm nay là thứ ba.　오늘은 화요일이에요.

✏️ **베트남어**를 자유롭게 써 보세요.

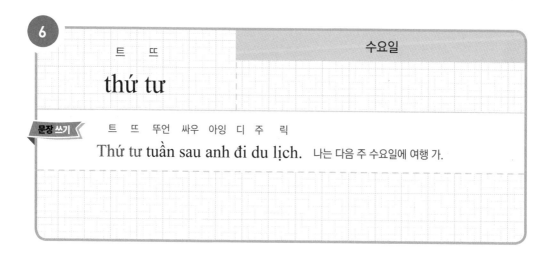

6

트 뜨

thứ tư

수요일

문장 쓰기

트 뜨 뚜언 싸우 아잉 디 주 릭

Thứ tư tuần sau anh đi du lịch. 나는 다음 주 수요일에 여행 가.

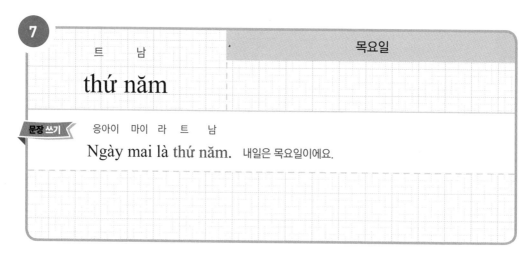

7

트 남

thứ năm

목요일

문장 쓰기

응아이 마이 라 트 남

Ngày mai là thứ năm. 내일은 목요일이에요.

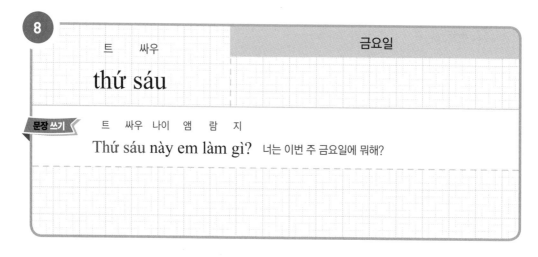

8

트 싸우

thứ sáu

금요일

문장 쓰기

트 싸우 나이 앰 람 지

Thứ sáu này em làm gì? 너는 이번 주 금요일에 뭐해?

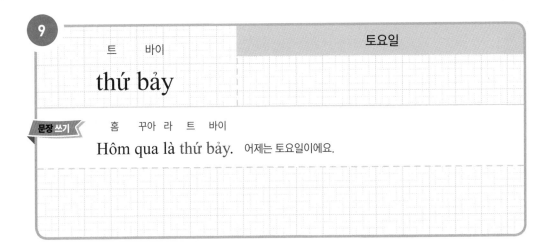

9

토요일

트　바이

thứ bảy

문장 쓰기

홈　꾸아　라　트　바이

Hôm qua là thứ bảy.　어제는 토요일이에요.

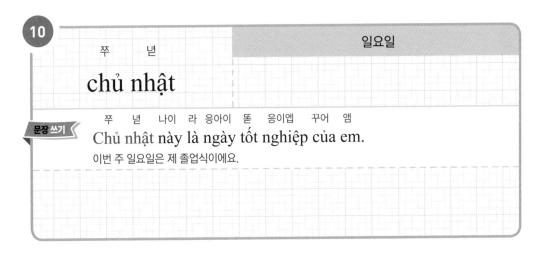

10

일요일

쭈　년

chủ nhật

문장 쓰기

쭈　년　나이　라　응아이　똗　응이엡　꾸어　앰

Chủ nhật này là ngày tốt nghiệp của em.

이번 주 일요일은 제 졸업식이에요.

✏️ **베트남어**를 자유롭게 써 보세요.

1

드억   콤   가능합니까?

được không

문장 쓰기   버이 지어 아잉 디 드억 콤
Bây giờ anh đi được không?   형(오빠)은 지금 갈 수 있어요?

2

닫   예약하다

đặt

문장 쓰기   아잉 닫 배 마이 바이 드억 콤
Anh đặt vé máy bay được không?
형(오빠)은 비행기 티켓을 예약할 수 있어요?

3

므언   빌리다

mượn

문장 쓰기   아잉 쩌 앰 므언 띠엔 드억 콤
Anh cho em mượn tiền được không?
형(오빠)은 저에게 돈을 빌려줄 수 있어요?

4

무어 | 사다

mua

문장 쓰기

무어   싸익   쩌   앰   드억   콤
Mua sách cho em được không?   저를 위해 책을 사줄 수 있어요?

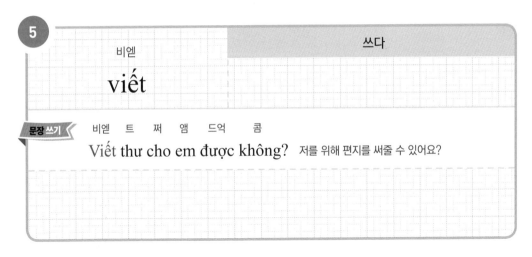

5

비엗 | 쓰다

viết

문장 쓰기

비엗   트   쩌   앰   드억   콤
Viết thư cho em được không?   저를 위해 편지를 써줄 수 있어요?

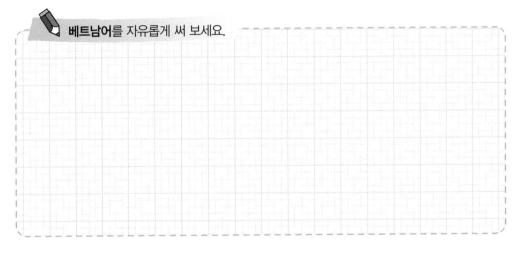

✏️ **베트남어**를 자유롭게 써 보세요.

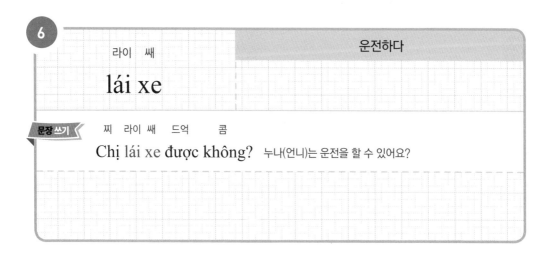

6

라이 쌔 / 운전하다

lái xe

문장 쓰기 찌 라이 쌔 드억 콤
Chị lái xe được không? 누나(언니)는 운전을 할 수 있어요?

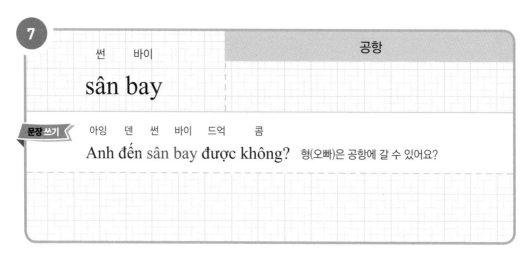

7

썬 바이 / 공항

sân bay

문장 쓰기 아잉 덴 썬 바이 드억 콤
Anh đến sân bay được không? 형(오빠)은 공항에 갈 수 있어요?

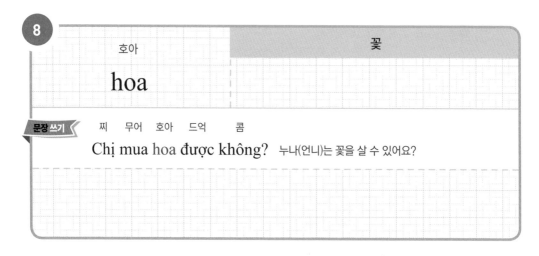

8

호아 / 꽃

hoa

문장 쓰기 찌 무어 호아 드억 콤
Chị mua hoa được không? 누나(언니)는 꽃을 살 수 있어요?

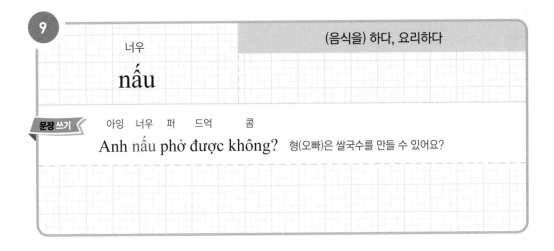

9

너우

nấu

(음식을) 하다, 요리하다

문장 쓰기

아잉 너우 퍼 드억 콤

Anh nấu phở được không? 형(오빠)은 쌀국수를 만들 수 있어요?

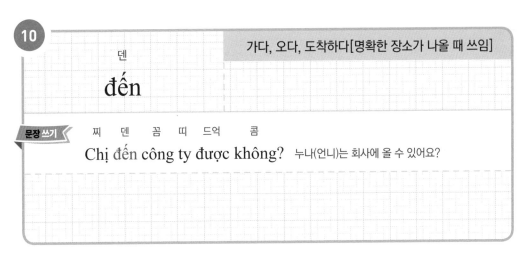

10

덴

đến

가다, 오다, 도착하다[명확한 장소가 나올 때 쓰임]

문장 쓰기

찌 덴 꼼 띠 드억 콤

Chị đến công ty được không? 누나(언니)는 회사에 올 수 있어요?

베트남어를 자유롭게 써 보세요.

1

쩌   주다

cho

문장 쓰기

쩌 앰 까이 나이

Cho em cái này.   저에게 이것을 주세요.

2

가 잔   치킨

gà rán

문장 쓰기

꼬 어이 쩌 앰 몯 가 잔

Cô ơi, cho em 1 gà rán.   아주머니, 저에게 치킨을 한 마리 주세요.

3

까 페   커피

cà phê

문장 쓰기

쩌 앰 까 페

Cho em cà phê.   저에게 커피를 주세요.

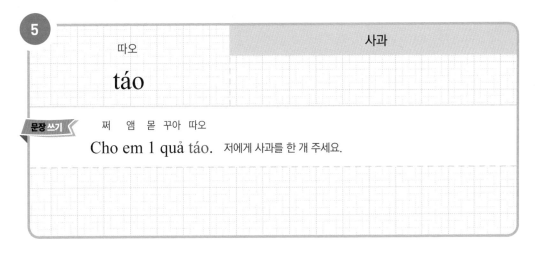

4

까이

개, 것[종별사]

cái

문장 쓰기

쩌 앰 하이 까이 드억 콤

Cho em 2 cái, được không?   저에게 두 개를 줄 수 있어요?

5

따오

사과

táo

문장 쓰기

쩌 앰 몯 꾸아 따오

Cho em 1 quả táo.   저에게 사과를 한 개 주세요.

✏️ **베트남어**를 자유롭게 써 보세요.

6

다 | 얼음

đá

문장 쓰기 쩌 앰 니에우 다
Cho em nhiều đá. 저에게 얼음을 많이 주세요.

7

특 던 | 메뉴

thực đơn

문장 쓰기 쩌 앰 특 던
Cho em thực đơn. 저에게 메뉴판을 주세요.

8

짜 다 | 아이스티

trà đá

문장 쓰기 쩌 앰 짜 다
Cho em trà đá. 저에게 아이스티를 주세요.

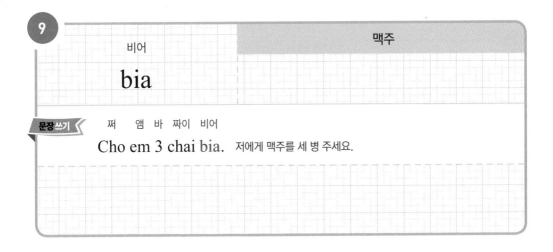

9

비어

맥주

bia

문장쓰기

쩌 앰 바 짜이 비어

Cho em 3 chai bia. 저에게 맥주를 세 병 주세요.

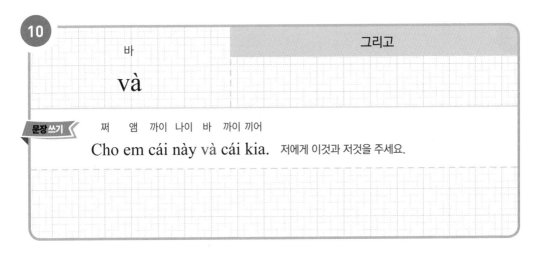

10

바

그리고

và

문장쓰기

쩌 앰 까이 나이 바 까이 끼어

Cho em cái này và cái kia. 저에게 이것과 저것을 주세요.

베트남어를 자유롭게 써 보세요.

나이 표현

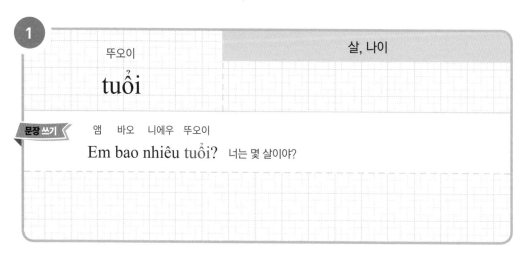

1

뚜오이 | 살, 나이

tuổi

문장 쓰기

앰 바오 니에우 뚜오이

Em bao nhiêu tuổi? 너는 몇 살이야?

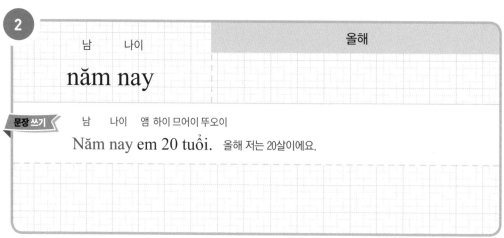

2

남 나이 | 올해

năm nay

문장 쓰기

남 나이 앰 하이 므어이 뚜오이

Năm nay em 20 tuổi. 올해 저는 20살이에요.

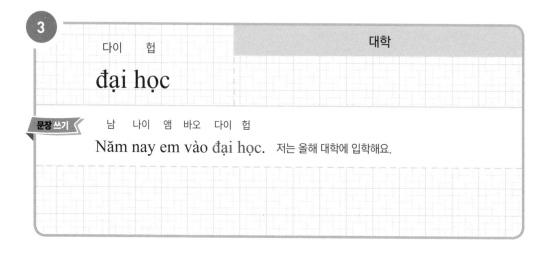

3

다이 헙 | 대학

đại học

문장 쓰기

남 나이 앰 바오 다이 헙

Năm nay em vào đại học. 저는 올해 대학에 입학해요.

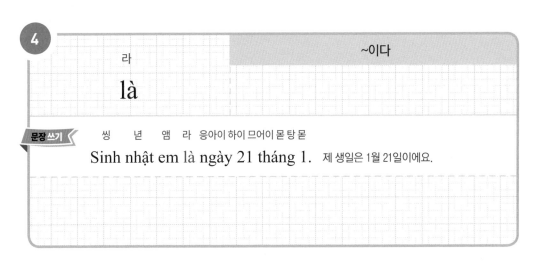

4

라

~이다

là

문장쓰기

씽 녇 앰 라 응아이 하이 므어이 몯 탕 몯

Sinh nhật em là ngày 21 tháng 1. 제 생일은 1월 21일이에요.

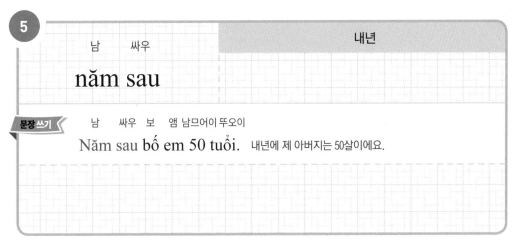

5

남 싸우

내년

năm sau

문장쓰기

남 싸우 보 앰 남므어이 뚜오이

Năm sau bố em 50 tuổi. 내년에 제 아버지는 50살이에요.

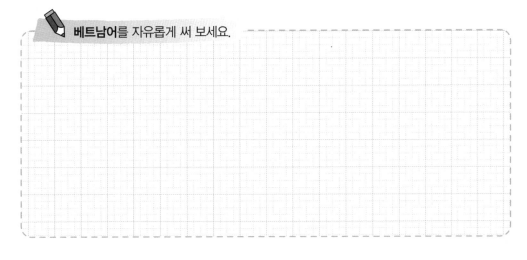

✏️ **베트남어**를 자유롭게 써 보세요.

6

반　　짜이

남자친구

bạn trai

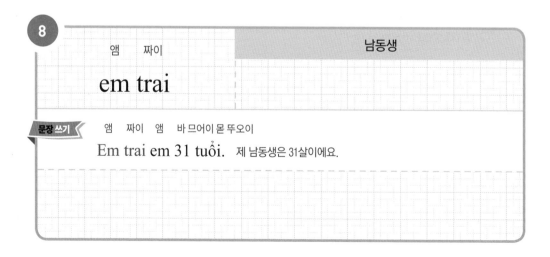

문장 쓰기

반　짜이　앰　바오　니에우　뚜오이

Bạn trai em bao nhiêu tuổi?　네 남자친구는 몇 살이야?

7

어이

그[3인칭을 표현할 때 쓰임]

ấy

문장 쓰기

아잉　어이　하이 므어이 람　뚜오이

Anh ấy 25 tuổi.　그 형(오빠)은 25살이에요.

8

앰　　짜이

남동생

em trai

문장 쓰기

앰　짜이　앰　바 므어이 몯　뚜오이

Em trai em 31 tuổi.　제 남동생은 31살이에요.

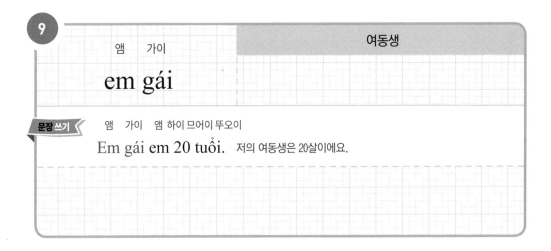

9

앰　가이

em gái

여동생

> **문장쓰기**
>
> 앰　가이　앰　하이 므어이 뚜오이
>
> **Em gái em 20 tuổi.** 저의 여동생은 20살이에요.

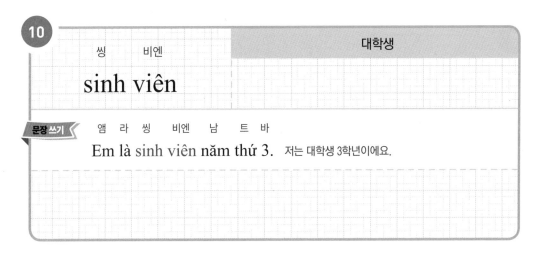

10

씽　비엔

sinh viên

대학생

> **문장쓰기**
>
> 앰 라 씽　비엔　남　트 바
>
> **Em là sinh viên năm thứ 3.** 저는 대학생 3학년이에요.

✏️ **베트남어**를 자유롭게 써 보세요.

1

응으어이
명, 사람

người

> **문장 쓰기**
>
> 지아 딩 앰 꺼 바오 니에우 응으어이
>
> Gia đình em có bao nhiêu người? 너의 가족은 몇 명이야?

2

지아 딩
가족

gia đình

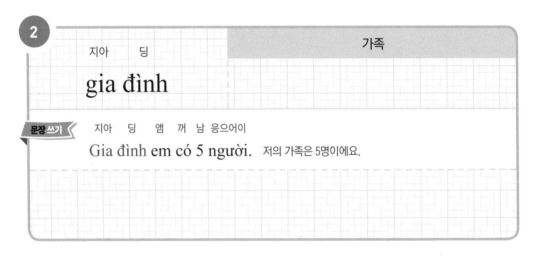

> **문장 쓰기**
>
> 지아 딩 앰 꺼 남 응으어이
>
> Gia đình em có 5 người. 저의 가족은 5명이에요.

3

럽 헙
교실

lớp học

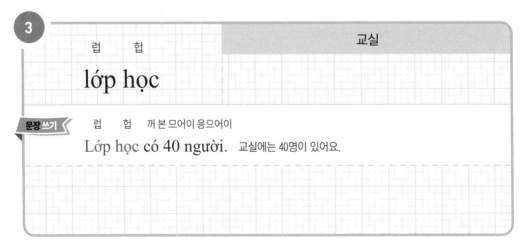

> **문장 쓰기**
>
> 럽 헙 꺼 본 므어이 응으어이
>
> Lớp học có 40 người. 교실에는 40명이 있어요.

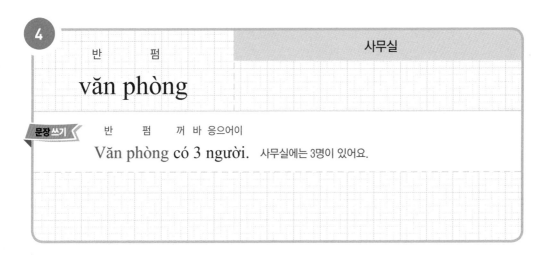

4

반 펌 · 사무실

văn phòng

문장쓰기

반 펌 꺼 바 응으어이
Văn phòng có 3 người. 사무실에는 3명이 있어요.

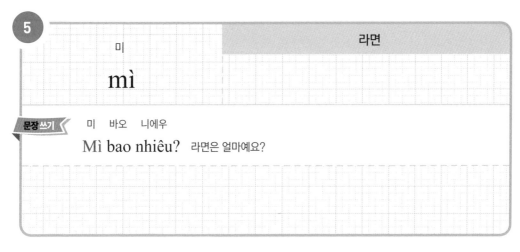

5

미 · 라면

mì

문장쓰기

미 바오 니에우
Mì bao nhiêu? 라면은 얼마예요?

베트남어를 자유롭게 써 보세요.

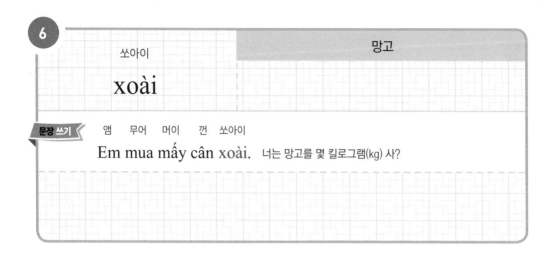

6

쏘아이

망고

xoài

문장 쓰기

앰 무어 머이 껀 쏘아이

Em mua mấy cân xoài. 너는 망고를 몇 킬로그램(kg) 사?

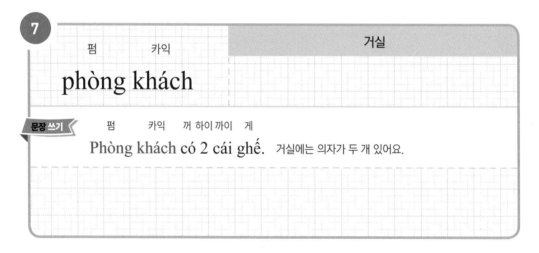

7

펌 카익

거실

phòng khách

문장 쓰기

펌 카익 꺼 하이 까이 게

Phòng khách có 2 cái ghế. 거실에는 의자가 두 개 있어요.

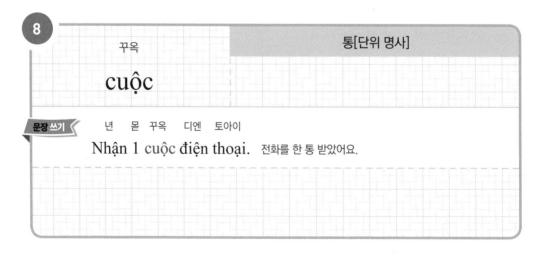

8

꾸옥

통[단위 명사]

cuộc

문장 쓰기

년 몯 꾸옥 디엔 토아이

Nhận 1 cuộc điện thoại. 전화를 한 통 받았어요.

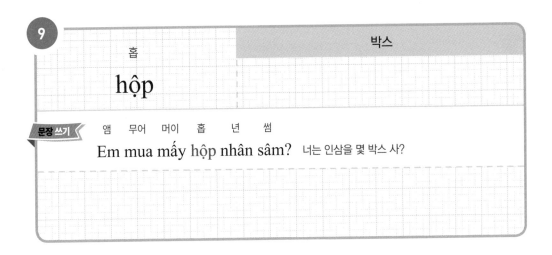

9

홉   박스

hộp

문장 쓰기   앰 무어 머이 홉 년 썸

Em mua mấy hộp nhân sâm?   너는 인삼을 몇 박스 사?

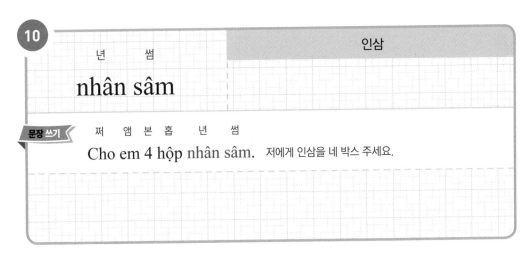

10

년   썸   인삼

nhân sâm

문장 쓰기   쩌 앰 본 홉 년 썸

Cho em 4 hộp nhân sâm.   저에게 인삼을 네 박스 주세요.

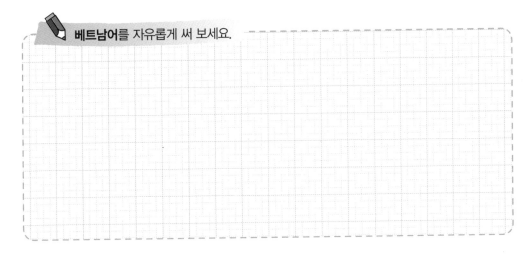

✏️ **베트남어**를 자유롭게 써 보세요.

가격 표현

1

나이 | 이[앞의 명사를 수식할 때 쓰임]

này

문장 쓰기

까이 나이 바오 니에우

Cái này bao nhiêu? 이것은 얼마예요?

2

돔 | 동[베트남 화폐 단위]

đồng

문장 쓰기

까이 나이 하이 므어이 응인 돔

Cái này 20.000 đồng. 이것은 20.000동이에요.

3

끼어 | 저것, 저분, 저기

kia

문장 쓰기

까이 끼어 바오 니에우

Cái kia bao nhiêu? 저것은 얼마예요?

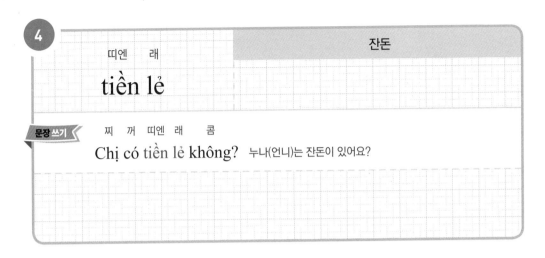

4

띠엔 래 　　　　　　　　　　　　　 잔돈

tiền lẻ

문장 쓰기

찌 꺼 띠엔 래 콤
Chị có tiền lẻ không?　누나(언니)는 잔돈이 있어요?

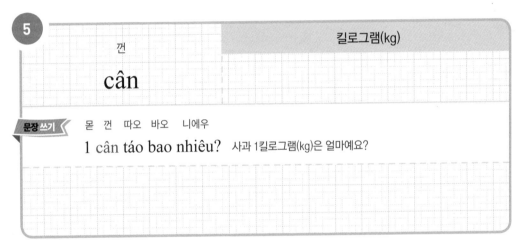

5

껀 　　　　　　　　　　　　　 킬로그램(kg)

cân

문장 쓰기

몯 껀 따오 바오 니에우
1 cân táo bao nhiêu?　사과 1킬로그램(kg)은 얼마예요?

✏️ **베트남어를** 자유롭게 써 보세요.

6

투에

thuê

렌트하다

> **문장 쓰기**
>
> 쌔 투에 못 응아이 바오 니에우
>
> Xe thuê 1 ngày bao nhiêu? 차를 하루 렌트하는데 얼마예요?

7

펌 도이

phòng đôi

2인실, 더블룸

> **문장 쓰기**
>
> 펌 도이 바오 니에우
>
> Phòng đôi bao nhiêu? 2인실은 얼마예요?

8

띠엔 투에

tiền thuê

월세, 임대료

> **문장 쓰기**
>
> 띠엔 투에 펌 나이 바오 니에우?
>
> Tiền thuê phòng này bao nhiêu? 이 방의 월세는 얼마예요?

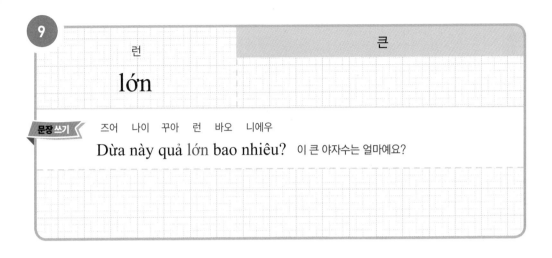

9

런 | 큰

lớn

문장 쓰기 즈어 나이 꾸아 런 바오 니에우

Dừa này quả lớn bao nhiêu? 이 큰 야자수는 얼마예요?

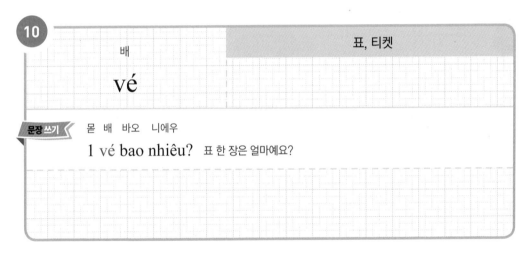

10

배 | 표, 티켓

vé

문장 쓰기 몯 배 바오 니에우

1 vé bao nhiêu? 표 한 장은 얼마예요?

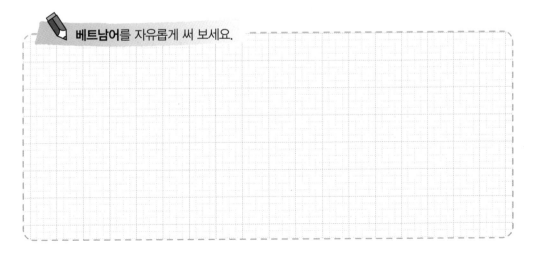

✏️ **베트남어**를 자유롭게 써 보세요.

요청 표현

1

쩌	~하게 하다

cho

문장 쓰기

쩌 아잉 베 냐

Cho anh về nhà. 나를 집에 가게 해줘(나 집에 갈게).

2

카익 싼	호텔

khách sạn

문장 쓰기

쩌 앰 덴 카익 싼

Cho em đến khách sạn. 저를 호텔로 가게 해주세요(호텔로 가주세요).

3

그이	보내다

gửi

문장 쓰기

쩌 앰 그이 띠엔

Cho em gửi tiền. 제가 돈을 보내게 해주세요(돈을 낼게요).

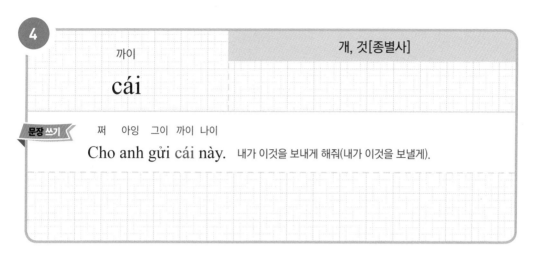

4

까이

cái

개, 것[종별사]

문장 쓰기

쩌 아잉 그이 까이 나이

Cho anh gửi cái này.   내가 이것을 보내게 해줘(내가 이것을 보낼게).

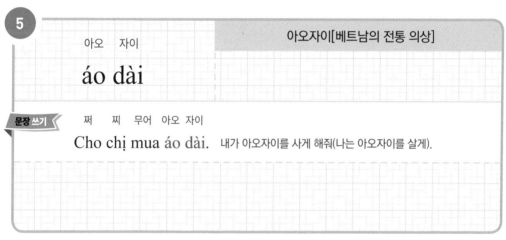

5

아오 자이

áo dài

아오자이[베트남의 전통 의상]

문장 쓰기

쩌 찌 무어 아오 자이

Cho chị mua áo dài.   내가 아오자이를 사게 해줘(나는 아오자이를 살게).

✏️ **베트남어**를 자유롭게 써 보세요.

6

허이	묻다
hỏi	

문장 쓰기

쩌 앰 허이 까이 나이

Cho em hỏi cái này.   제가 이것을 물어보게 해주세요(제가 이것을 여쭤볼게요).

7

씬 로이	실례합니다, 사과하다, 양해를 구하다
xin lỗi	

문장 쓰기

씬 로이 쩌 앰 허이 드억 콤

Xin lỗi, cho em hỏi được không?   실례지만, 제가 뭐 좀 여쭤봐도 될까요?

8

또이	나[객관적으로 표현할 때 쓰임]
tôi	

문장 쓰기

쩌 또이 갑 민지 드억 콤

Cho tôi gặp Minji, được không?   내가 민지를 만날 수 있어요?

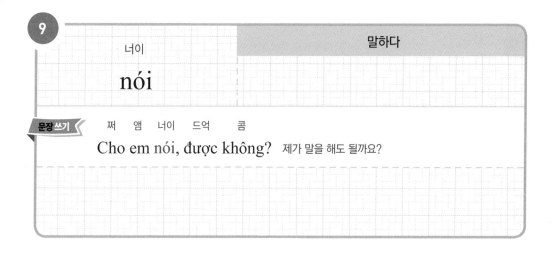

9

너이   말하다

nói

문장쓰기   쩌 앰 너이 드억 콤

Cho em nói, được không?   제가 말을 해도 될까요?

10

껀   자녀, 자식

con

문장쓰기   쩌 껀 디 쩌이 디

Cho con đi chơi đi.   제가 놀 수 있게 해주세요(저는 놀게요).

✏️ **베트남어**를 자유롭게 써 보세요.

1

쩌

~하게 되도록

cho

문장 쓰기

응이   쩌   코애

Nghỉ cho khỏe.   건강해지도록 쉬어요.

2

까오

키가 큰, 높은

cao

문장 쓰기

우옹   쓰어   쩌   까오

Uống sữa cho cao.   키가 크도록 우유를 마셔요.

3

너

배부른

no

문장 쓰기

안   쩌   너

Ăn cho no.   배부르게 먹어요.

4

맏 | 시원한

mát

문장 쓰기

우옹 까 페 쩌 맏
Uống cà phê cho mát. 시원해지도록 커피를 마셔요.

5

부이 | 즐거운

vui

문장 쓰기

끄어이 쩌 부이
Cười cho vui. 즐거워지도록 웃어요.

✏️ **베트남어**를 자유롭게 써 보세요.

6

자우 채소

rau

문장 **쓰기**

안 자우 쩌 댑

Ăn rau cho đẹp. 예뻐지도록 채소를 먹어요.

7

턴 타 날씬한

thon thả

문장 **쓰기**

안 끼엥 쩌 턴 타

Ăn kiêng cho thon thả. 날씬해지도록 식이요법을 해요.

8

토아이 마이 편안한

thoải mái

문장 **쓰기**

남 쩌 토아이 마이

Nằm cho thoải mái. 편안해지도록 누워요.

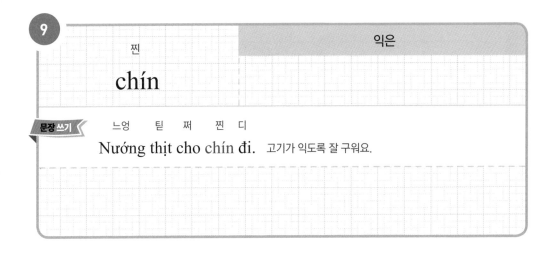

9

찐   익은

chín

문장 쓰기

느엉   틷   쩌   찐   디

Nướng thịt cho chín đi.   고기가 익도록 잘 구워요.

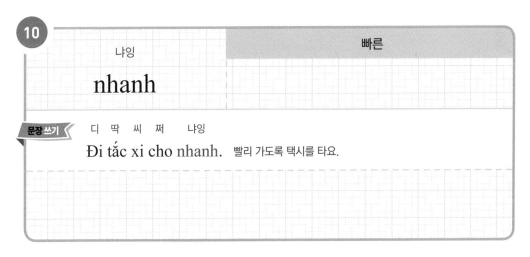

10

냐잉   빠른

nhanh

문장 쓰기

디   딱   씨   쩌   냐잉

Đi tắc xi cho nhanh.   빨리 가도록 택시를 타요.

✏️ **베트남어**를 자유롭게 써 보세요.

Bài 20

약속 표현

1

터이   지안   시간

thời gian

문장 쓰기

홈   나이   아잉   꺼   터이   지안   콤

Hôm nay anh có thời gian không?   형(오빠)은 오늘 시간이 있어요?

2

콤   꺼   없다

không có

문장 쓰기

아잉   콤   꺼   터이   지안   쯔억   남 지어

Anh không có thời gian trước 5 giờ.   나는 5시 전에는 시간이 없어.

3

꾸오이   뚜언   주말

cuối tuần

문장 쓰기

꾸오이   뚜언   디   쌤   핌   디

Cuối tuần đi xem phim đi.   주말에 영화를 보러 가자.

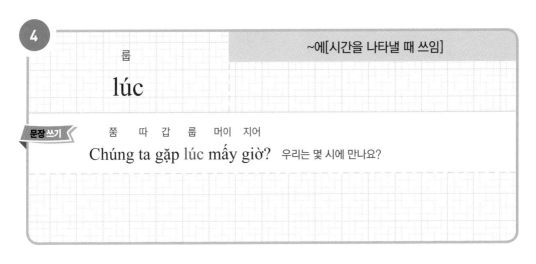

4

~에[시간을 나타낼 때 쓰임]

릅

lúc

문장 쓰기

쭘 따 갑 릅 머이 지어

Chúng ta gặp lúc mấy giờ?   우리는 몇 시에 만나요?

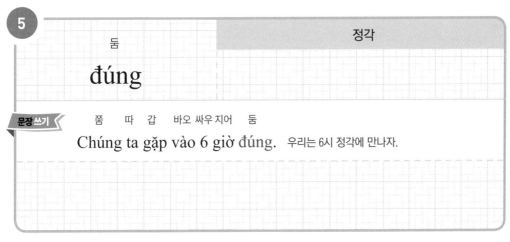

5

정각

둠

đúng

문장 쓰기

쭘 따 갑 바오 싸우 지어 둠

Chúng ta gặp vào 6 giờ đúng.   우리는 6시 정각에 만나자.

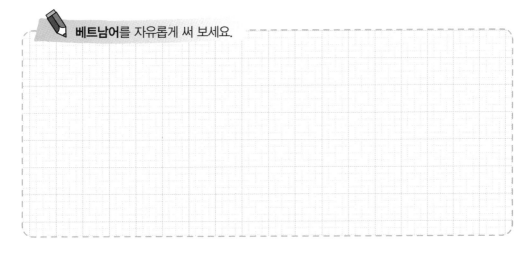

✏️ **베트남어**를 자유롭게 써 보세요.

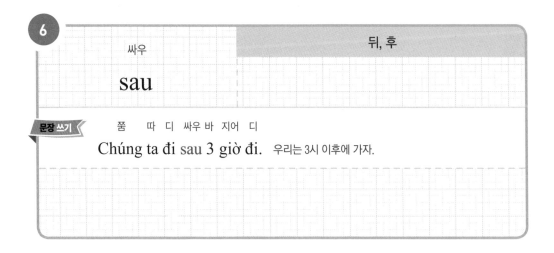

6

싸우

sau

뒤, 후

문장 쓰기

쭘 따 디 싸우 바 지어 디
Chúng ta đi sau 3 giờ đi.   우리는 3시 이후에 가자.

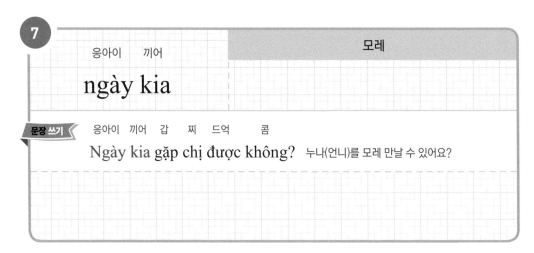

7

응아이 끼어

ngày kia

모레

문장 쓰기

응아이 끼어 갑 찌 드억 콤
Ngày kia gặp chị được không?   누나(언니)를 모레 만날 수 있어요?

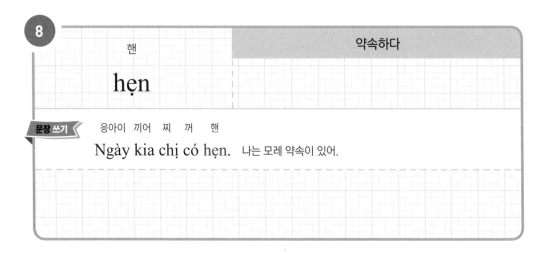

8

핸

hẹn

약속하다

문장 쓰기

응아이 끼어 찌 꺼 핸
Ngày kia chị có hẹn.   나는 모레 약속이 있어.

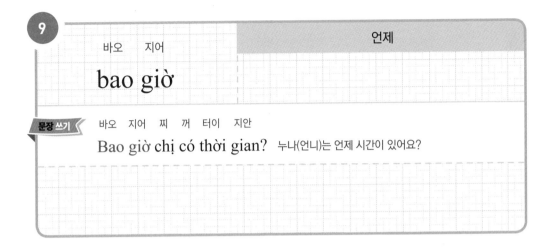

9

바오　지어

bao giờ

언제

문장 쓰기

바오　지어　찌　꺼　터이　지안
Bao giờ chị có thời gian?　누나(언니)는 언제 시간이 있어요?

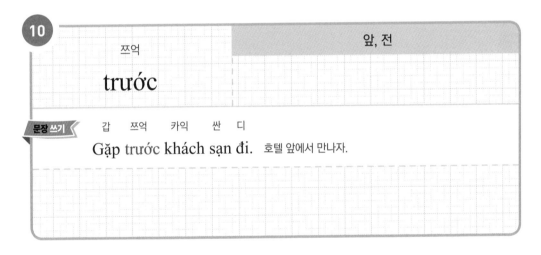

10

쯔억

trước

앞, 전

문장 쓰기

갑　쯔억　카익　싼　디
Gặp trước khách sạn đi.　호텔 앞에서 만나자.

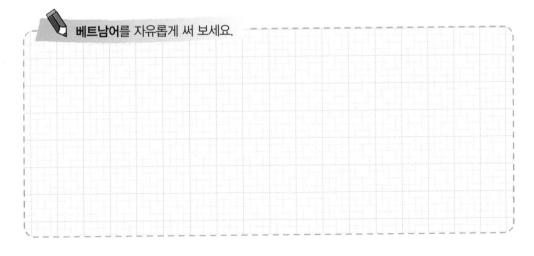

베트남어를 자유롭게 써 보세요.

일상 표현

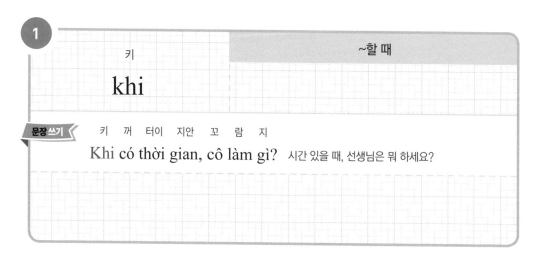

1

키

~할 때

khi

문장 쓰기

키 꺼 터이 지안 꼬 람 지

Khi có thời gian, cô làm gì? 시간 있을 때, 선생님은 뭐 하세요?

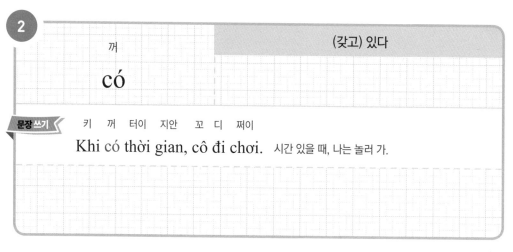

2

꺼

(갖고) 있다

có

문장 쓰기

키 꺼 터이 지안 꼬 디 쩌이

Khi có thời gian, cô đi chơi. 시간 있을 때, 나는 놀러 가.

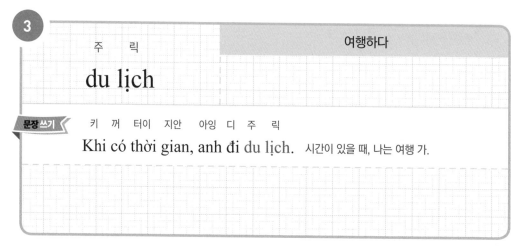

3

주 릭

여행하다

du lịch

문장 쓰기

키 꺼 터이 지안 아잉 디 주 릭

Khi có thời gian, anh đi du lịch. 시간이 있을 때, 나는 여행 가.

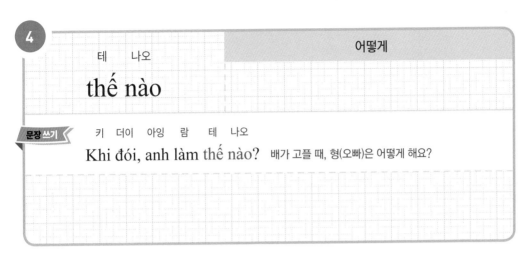

4

테　나오

어떻게

thế nào

문장 쓰기

키　더이　아잉　람　테　나오

Khi đói, anh làm thế nào?　배가 고플 때, 형(오빠)은 어떻게 해요?

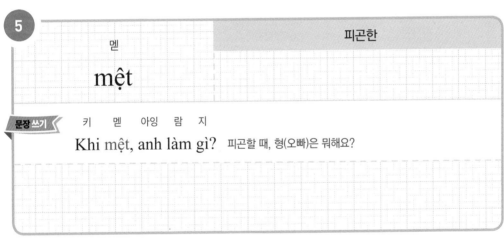

5

멛

피곤한

mệt

문장 쓰기

키　멛　아잉　람　지

Khi mệt, anh làm gì?　피곤할 때, 형(오빠)은 뭐해요?

✏️ **베트남어를** 자유롭게 써 보세요.

6

우옹

마시다

uống

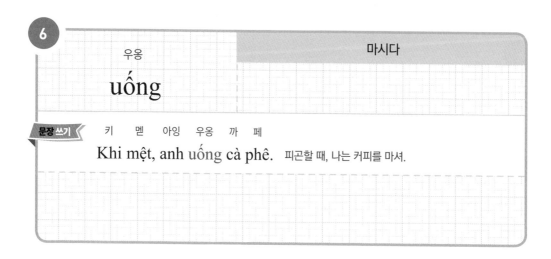

문장 쓰기

키   멛   아잉   우옹   까   페

Khi mệt, anh uống cà phê.   피곤할 때, 나는 커피를 마셔.

7

자잉

한가한

rảnh

문장 쓰기

키   자잉   덴   냐   앰   디

Khi rảnh, đến nhà em đi.   한가할 때, 저희 집에 오세요.

8

범   다

축구

bóng đá

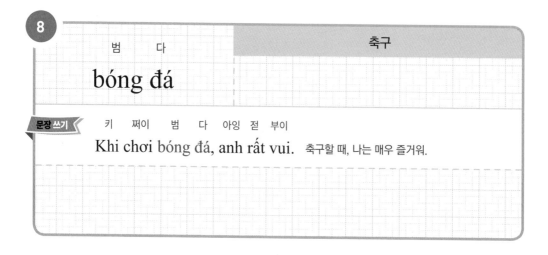

문장 쓰기

키   쩌이   범   다   아잉   젇   부이

Khi chơi bóng đá, anh rất vui.   축구할 때, 나는 매우 즐거워.

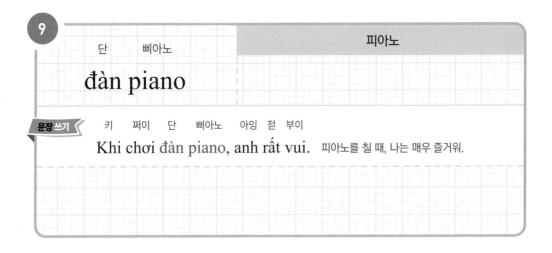

9

단 삐아노   피아노

đàn piano

문장 쓰기

키 쩌이 단 삐아노 아잉 젇 부이

Khi chơi đàn piano, anh rất vui.   피아노를 칠 때, 나는 매우 즐거워.

10

다우   아프다

đau

문장 쓰기

키 다우 더우 찌 우옹 투옥

Khi đau đầu, chị uống thuốc.   아플 때, 나는 약을 먹어.

✏️ **베트남어**를 자유롭게 써 보세요.

일정 표현

1

땀 | 샤워하다

tắm

문장 쓰기

쯔억 키 디 응우 앰 땀
Trước khi đi ngủ, em tắm. 자기 전에, 저는 샤워를 해요.

2

쯔엉 | 학교

trường

문장 쓰기

키 덴 쯔엉 앰 디 쌔 부읻
Khi đến trường, em đi xe buýt. 저는 학교에 갈 때, 저는 버스를 타요.

3

쯔억 키 | ~하기 전에

trước khi

문장 쓰기

쯔억 키 헙 앰 안 또이
Trước khi học, em ăn tối. 공부하기 전에, 저는 저녁을 먹어요.

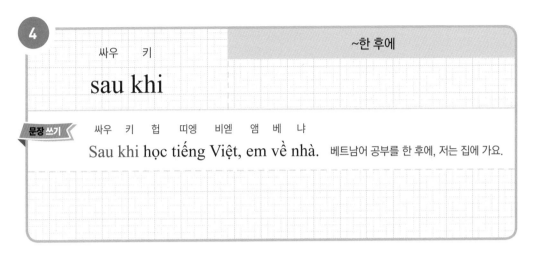

4

싸우 키

sau khi

~한 후에

문장쓰기

싸우 키 헙 띠엥 비엣 앰 베 냐

Sau khi học tiếng Việt, em về nhà. 베트남어 공부를 한 후에, 저는 집에 가요.

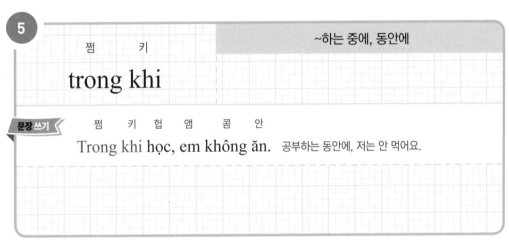

5

쩜 키

trong khi

~하는 중에, 동안에

문장쓰기

쩜 키 헙 앰 콤 안

Trong khi học, em không ăn. 공부하는 동안에, 저는 안 먹어요.

✏️ **베트남어**를 자유롭게 써 보세요.

6

덥   읽다

đọc

문장 쓰기

쩜   키   앰   덥   싸익   아잉   파이   임
Trong khi em đọc sách, anh phải im.
제가 책을 읽는 동안에, 형(오빠)은 조용히 해야 해요.

7

응애   냑   음악 듣다

nghe nhạc

문장 쓰기

쩜   끼   헙   바이   앰   응애   냑
Trong khi học bài, em nghe nhạc.   공부하는 동안에, 저는 음악을 들어요.

8

트   비엔   도서관

thư viện

문장 쓰기

싸우   키   안   쯔어   디   트   비엔   디
Sau khi ăn trưa, đi thư viện đi.   점심 먹고 나서, 도서관에 가자.

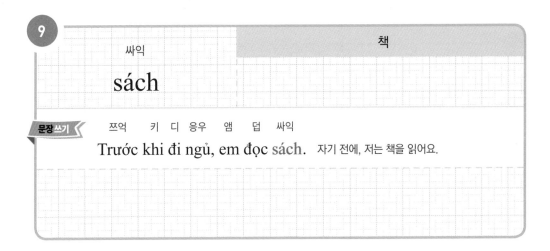

9

싸익

sách

책

문장쓰기
쯔억 키 디 응우 앰 덥 싸익

Trước khi đi ngủ, em đọc sách. 자기 전에, 저는 책을 읽어요.

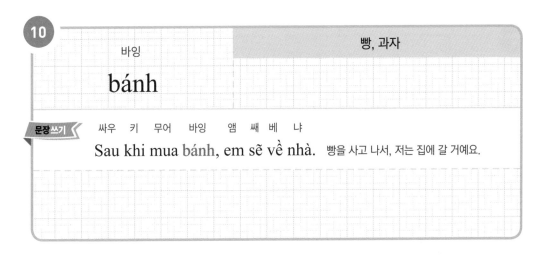

10

바잉

bánh

빵, 과자

문장쓰기
싸우 키 무어 바잉 앰 쌔 베 냐

Sau khi mua bánh, em sẽ về nhà. 빵을 사고 나서, 저는 집에 갈 거예요.

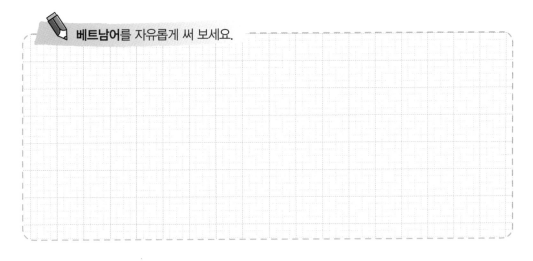

베트남어를 자유롭게 써 보세요.

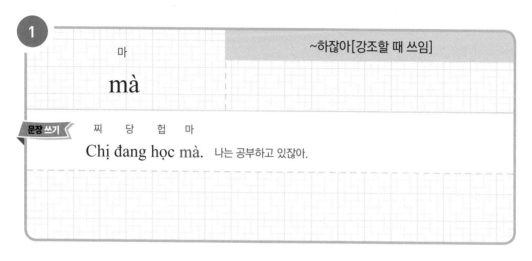

Bài 23 상태 표현

1

마

mà

~하잖아[강조할 때 쓰임]

문장 쓰기

찌 당 협 마

Chị đang học mà. 나는 공부하고 있잖아.

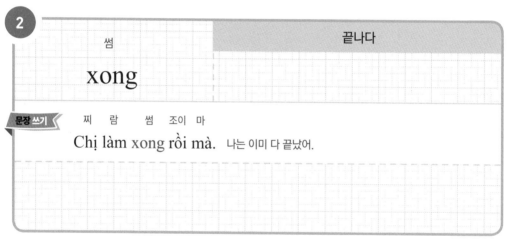

2

썸

xong

끝나다

문장 쓰기

찌 람 썸 조이 마

Chị làm xong rồi mà. 나는 이미 다 끝났어.

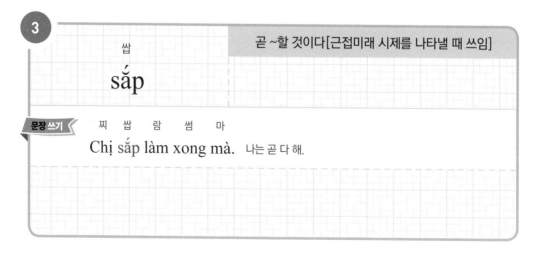

3

쌉

sắp

곧 ~할 것이다[근접미래 시제를 나타낼 때 쓰임]

문장 쓰기

찌 쌉 람 썸 마

Chị sắp làm xong mà. 나는 곧 다 해.

4

너이   쭈이엔   이야기하다

nói chuyện

문장쓰기   찌   당   너이   쭈이엔   마
Chị đang nói chuyện mà.   나는 이야기하고 있잖아.

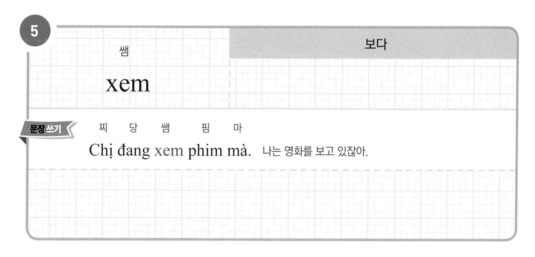

5

쌤   보다

xem

문장쓰기   찌   당   쌤   핌   마
Chị đang xem phim mà.   나는 영화를 보고 있잖아.

✏️ **베트남어**를 자유롭게 써 보세요.

6

띠비   텔레비전

tivi

문장 쓰기
> 찌　당　쌤　띠비　마
> **Chị đang xem tivi mà.** 나는 텔레비전을 보고 있잖아.

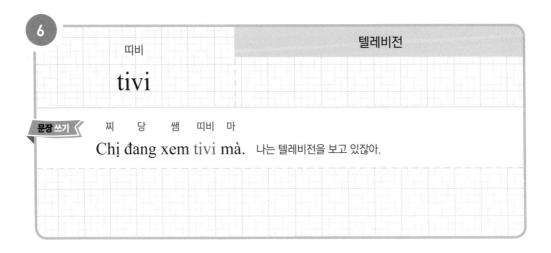

7

멛   피곤한

mệt

문장 쓰기
> 아잉　멛　마
> **Anh mệt mà.** 나는 피곤하잖아.

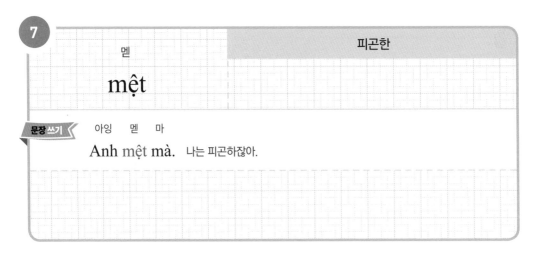

8

매   어머니

mẹ

문장 쓰기
> 매　어이　껀　당　협　마
> **Mẹ ơi, con đang học mà.** 엄마, 저는 공부하고 있잖아요.

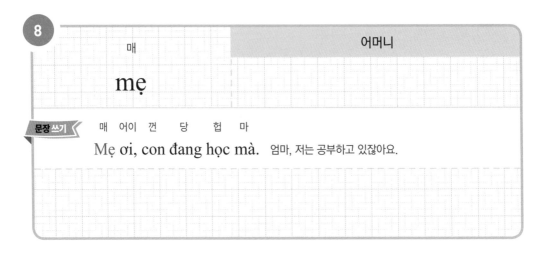

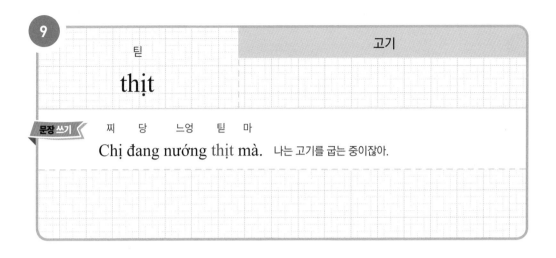

9

틷

thịt

고기

문장 쓰기

찌 당 느엉 틷 마
Chị đang nướng thịt mà.   나는 고기를 굽는 중이잖아.

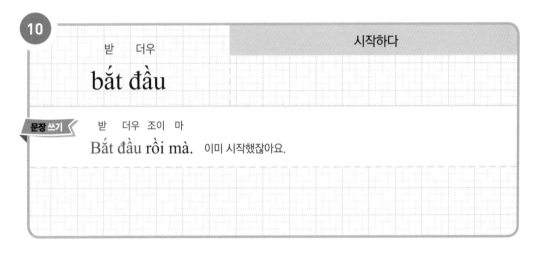

10

받 더우

bắt đầu

시작하다

문장 쓰기

받 더우 조이 마
Bắt đầu rồi mà.   이미 시작했잖아요.

베트남어를 자유롭게 써 보세요.

시간의 전후 표현

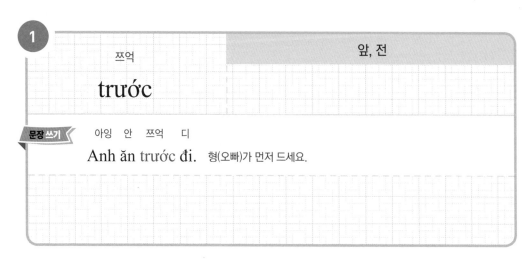

1

쯔억

앞, 전

trước

문장 쓰기

아잉 안 쯔억 디

Anh ăn trước đi.   형(오빠)가 먼저 드세요.

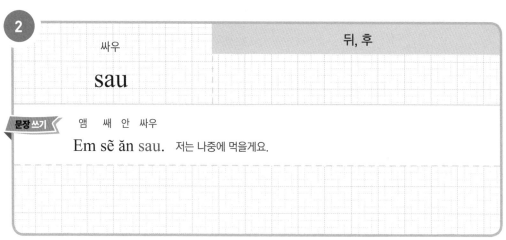

2

싸우

뒤, 후

sau

문장 쓰기

앰 쌔 안 싸우

Em sẽ ăn sau.   저는 나중에 먹을게요.

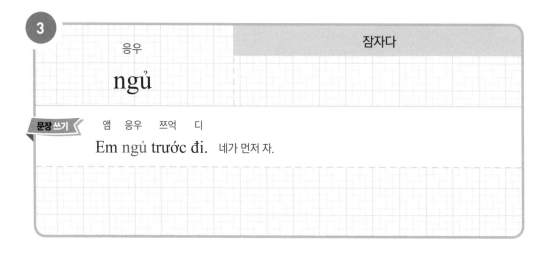

3

응우

잠자다

ngủ

문장 쓰기

앰 응우 쯔억 디

Em ngủ trước đi.   네가 먼저 자.

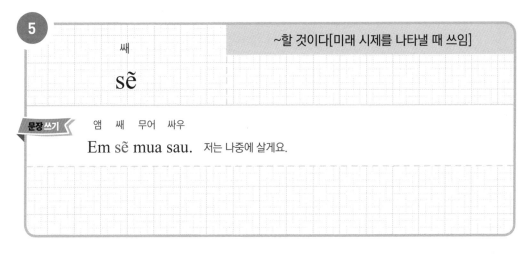

4

무어 쌈 | 쇼핑하다

mua sắm

문장 쓰기
앰 디 무어 쌈 쯔억 디
Em đi mua sắm trước đi. 네가 먼저 쇼핑하러 가.

5

쌔 | ~할 것이다[미래 시제를 나타낼 때 쓰임]

sẽ

문장 쓰기
앰 쌔 무어 싸우
Em sẽ mua sau. 저는 나중에 살게요.

✏️ **베트남어**를 자유롭게 써 보세요.

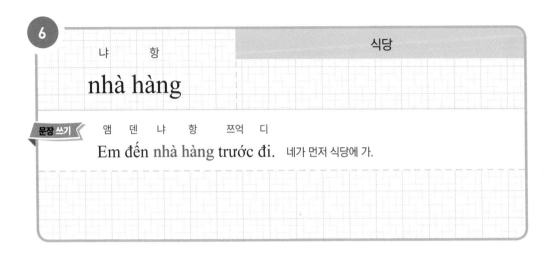

6

냐 항
식당

nhà hàng

문장 쓰기

앰 덴 냐 항 쯔억 디

Em đến nhà hàng trước đi. 네가 먼저 식당에 가.

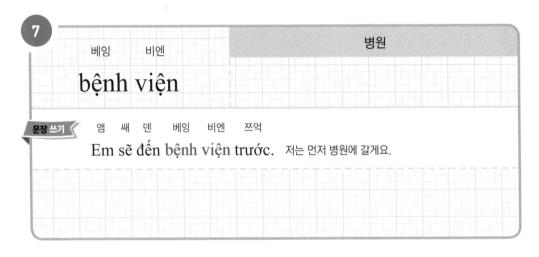

7

베잉 비엔
병원

bệnh viện

문장 쓰기

앰 쌔 덴 베잉 비엔 쯔억

Em sẽ đến bệnh viện trước. 저는 먼저 병원에 갈게요.

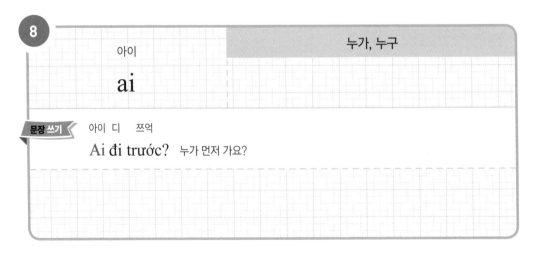

8

아이
누가, 누구

ai

문장 쓰기

아이 디 쯔억

Ai đi trước? 누가 먼저 가요?

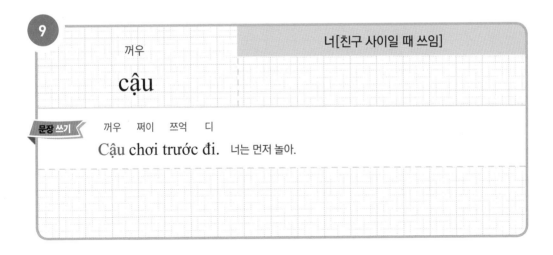

9

꺼우

cậu

너[친구 사이일 때 쓰임]

문장 쓰기

꺼우   쩌이   쯔억   디

Cậu chơi trước đi.   너는 먼저 놀아.

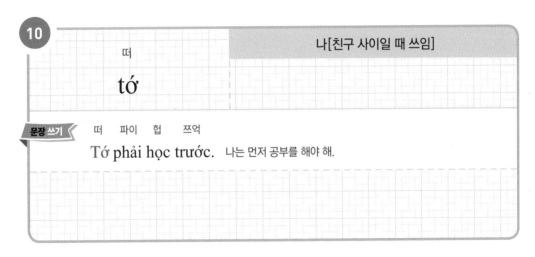

10

떠

tớ

나[친구 사이일 때 쓰임]

문장 쓰기

떠   파이   헙   쯔억

Tớ phải học trước.   나는 먼저 공부를 해야 해.

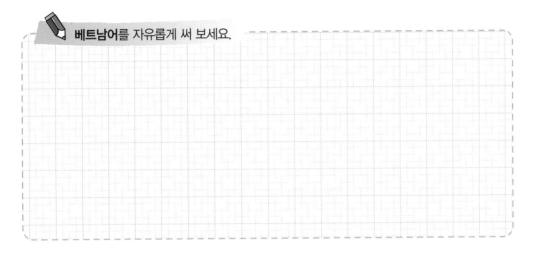

베트남어를 자유롭게 써 보세요.

베트남어
회화
쓰기 연습

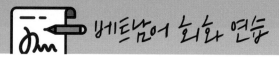

Bài 01

깍 앰 다 헙 짬 쯔어
A: Các em đã học chăm chưa?

싸오 콤 짜 러이
Sao không trả lời?

벙 헙 짬 조이 터이 아
B: Vâng, học chăm rồi, thầy ạ!

A: Các em đã học chăm chưa?

Sao không trả lời?

B: Vâng, học chăm rồi, thầy ạ!

● **한글 해석**

A: 너희들 공부 열심히 했어?

왜 대답이 없어?

B: 네, 열심히 했어요, 선생님

정자체 쓰기

필기체 쓰기

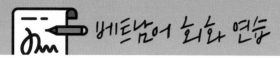

찌 다 바오 지어 쌍 한 꾸옥 쯔어
A: Chị đã bao giờ sang Hàn Quốc chưa?

조이 찌 다 쌍 몯 런 조이
B: Rồi, chị đã sang 1 lần rồi.

- -

A: *Chị đã bao giờ sang Hàn Quốc chưa?*

B: *Rồi, chị đã sang 1 lần rồi.*

●**한글 해석**

A: 언니는 한국에 가본 적이 있어?

B: 응, 나는 한 번 가봤어.

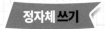

정자체 **쓰기**

- -

필기체 **쓰기**

Bài 03

A: 테 아 찌 디 더우
A: Thế à? Chị đi đâu?

B: 찌 다 디 쎄운 바 다오 제주
B: Chị đã đi Xê-un và đảo Jeju.

껀 앰? 앰 다 바오 지어 디 녇 반 쯔어
Còn em? Em đã bao giờ đi Nhật Bản chưa?

A: 쯔어
A: Chưa.

- -

A: *Thế à? Chị đi đâu?*

B: *Chị đã đi Xê-un và đảo Jeju.*

Còn em? Em đã bao giờ đi Nhật Bản chưa?

A: *Chưa.*

● **한글 해석**

A: 그래? 언니는 어디에 갔었어?

B: 나는 서울이랑 제주도에 갔었어.

그럼 너는? 일본에 가본 적이 있어?

A: 아직 없어.

정자체 쓰기

필기체 쓰기

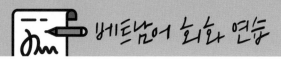
 Bài 04

　　　　　찌　　다 디　한　　꾸옥　바오 러우
A: Chị đã đi Hàn Quốc bao lâu?

　　　　　찌　　다 디　몯 뚜언
B: Chị đã đi 1 tuần.

- -

A: *Chị đã đi Hàn Quốc bao lâu?*

B: *Chị đã đi 1 tuần.*

● 한글 해석

A: 언니는 한국에 얼마 동안 갔었어?

B: 나는 일주일 동안 갔었어.

정자체 쓰기

필기체 쓰기

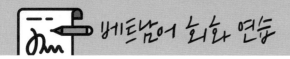

A: 찌 다 디 한 꾸옥 키 나오
Chị đã đi Hàn Quốc khi nào?

B: 바오 씽 녇 남 쯔억
Vào sinh nhật năm trước.

A: 씽 녇 찌 응아이 머이
Sinh nhật chị ngày mấy?

B: 응아이 남 탕 싸우
Ngày 5 tháng 6.

- -

A: *Chị đã đi Hàn Quốc khi nào?*

B: *Vào sinh nhật năm trước.*

A: *Sinh nhật chị ngày mấy?*

B: *Ngày 5 tháng 6.*

● **한글 해석**

A: 언니는 한국에 언제 갔었어?

B: 작년 생일에.

A: 언니 생일은 며칠이야?

B: 6월 5일.

정자체 쓰기

필기체 쓰기

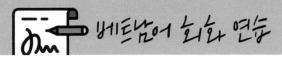

Bài 06

찌　터이　한　꾸옥　테　나오
A: Chị thấy Hàn Quốc thế nào?

젇　댑　먼　안　응언　바　재　헌　년　반
B: Rất đẹp, món ăn ngon và rẻ hơn Nhật Bản.

- -

A: *Chị thấy Hàn Quốc thế nào?*

B: *Rất đẹp, món ăn ngon và rẻ hơn Nhật Bản.*

● **한글 해석**

A: 언니가 느끼기에 한국은 어땠어?

B: 엄청 예뻤어, 음식도 맛있고 일본보다 저렴하더라.

정자체 쓰기

필기체 쓰기

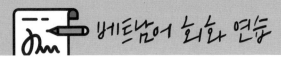

테 아 먼 나오 응언 녇

A: Thế à? Món nào ngon nhất?

흠 찌 터이 바잉 가오 까이 응언 녇

B: Hừm, chị thấy bánh gạo cay ngon nhất.

- -

A: *Thế à? Món nào ngon nhất?*

B: *Hừm, chị thấy bánh gạo cay ngon nhất.*

● **한글해석**

A: 그래? 어떤 음식이 제일 맛있었어?

B: 음… 내가 느끼기에 떡볶이가 제일 맛있었어.

정자체 쓰기

필기체 쓰기

Bài 08

쩌이 어이 틷 바 찌 느엉 응언 헌
A: Trời ơi, thịt ba chỉ nướng ngon hơn.

바잉 가오 까이 콤 응언 방
Bánh gạo cay không ngon bằng.

테 아
B: Thế à?

- -

A: *Trời ơi, thịt ba chỉ nướng ngon hơn.*

Bánh gạo cay không ngon bằng.

B: *Thế à?*

● **한글 해석**

A: 에이, 삼겹살이 더 맛있지.

떡볶이가 그만큼 맛있지는 않지.

B: 그래?

정자체 쓰기

- -

필기체 쓰기

Bài 09

우아 냐 앰 어 더우
A: Ủa, nhà em ở đâu?

냐 앰 어 꾸언 바이
B: Nhà em ở quận 7.

앰 디 방 지
A: Em đi bằng gì?

앰 디 방 쌔 부읻
B: Em đi bằng xe buýt.

- -

A: Ủa, nhà em ở đâu?

B: Nhà em ở quận 7.

A: Em đi bằng gì?

B: Em đi bằng xe buýt.

● **한글해석**

A: 너희 집은 어디야?

B: 우리 집은 7군에 있어.

A: 너는 뭐 타고 가?

B: 나는 버스 타고 가.

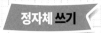

정자체 쓰기

필기체 쓰기

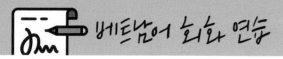

A: Thế à?
  ^{테 아}

Từ đây đến nhà em mất bao lâu?
^{뜨 더이 덴 냐 앰 멀 바오 러우}

B: Từ đây đến nhà em mất 30 phút.
^{뜨 더이 덴 냐 앰 멀 바므어이 풛}

- -

A: *Thế à?*

  Từ đây đến nhà em mất bao lâu?

B: *Từ đây đến nhà em mất 30 phút.*

● **한글 해석**

A: 그래?

  여기에서 집까지 얼마나 걸려?

B: 여기에서 집까지 30분이 걸려.

정자체 쓰기

필기체 쓰기

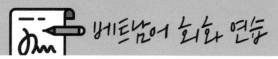

Bài 11

버이 마이 갑
A: Vậy, mai gặp.

으 쌍 마이 갑
B: Ừ, sáng mai gặp.

- -

A: *Vậy, mai gặp.*

B: *Ừ, sáng mai gặp.*

● **한글 해석**

A: 그럼 내일 봐.

B: 응, 내일 아침에 봐.

정자체 쓰기

- -

필기체 쓰기

Bài 12

찌 어이 응아이 마이 밍 꺼 띠엗 헙 테 쥽 파이 콤
A: Chị ơi, ngày mai mình có tiết học thể dục, phải không?

으 꺼 비 응아이 마이 라 트 바
B: Ừ, có. Vì ngày mai là thứ ba.

오 께 깜 언
A: Ô kê, cám ơn.

A: Chị ơi, ngày mai mình có tiết học thể dục, phải không?

B: Ừ, có. Vì ngày mai là thứ ba.

A: Ô kê, cám ơn.

● **한글 해석**

A: 언니, 내일 우리 체육 수업이 있지?

B: 응 있어. 왜냐하면 내일은 화요일이니까.

A: 알겠어, 고마워.

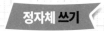

Bài 13

A: 아 로 아잉 무온 안 가 잔 콤
A: A lô, anh muốn ăn gà rán không?

B: 싸오 앰 무온 안 하
B: Sao? Em muốn ăn hả?

A: 으 아잉 무어 쩌 앰 디
A: Ừ, anh mua cho em đi!

앰 더이 꾸아
Em đói quá!

B: 오 께 앰 무어 디 아잉 쌔 쩌 띠엔
B: Ô kê, em mua đi! Anh sẽ cho tiền.

- -

A: A lô, anh muốn ăn gà rán không?

B: Sao? Em muốn ăn hả?

A: Ừ, anh mua cho em đi!

Em đói quá!

B: Ô kê, em mua đi! Anh sẽ cho tiền.

● **한글 해석**

A: 여보세요, 오빠 치킨 먹고 싶은 것이 맞지?

B: 왜? 네가 먹고 싶은 거지?

A: 응, 나를 위해 오빠가 사줘.

나 너무 배고파.

B: 알겠어, 사! 오빠가 돈 줄게.

정자체 쓰기

필기체 쓰기

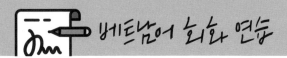

꼬 어이 쩌 앰 몯 가 잔
A: Cô ơi, cho em 1 gà rán.

몯 가 잔   파이   콤
B: 1 gà rán, phải không?

벙
A: Vâng.

- -

A: *Cô ơi, cho em 1 gà rán.*

B: *1 gà rán, phải không?*

A: *Vâng.*

● 한글 해석

A: 아주머니, 치킨 한 마리를 주세요.

B: 치킨 한 마리 맞죠?

A: 네.

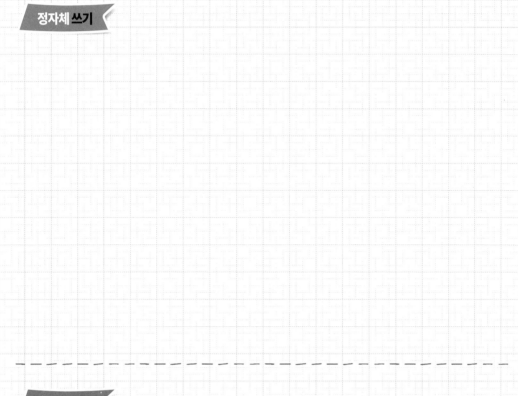

Bài
15

앰　파이　더이 하이 므어이 람 풋
A: Em phải đợi 25 phút.

콤　싸오　앰 쌔 더이
B: Không sao, em sẽ đợi.

- -

A: *Em phải đợi 25 phút.*

B: *Không sao, em sẽ đợi.*

● 한글 해석

A: 25분을 기다려야 해요.

B: 괜찮아요, 기다릴게요.

Bài 16

가　잔　꾸어　앰　더이
A: Gà rán của em đây.

깜　언　꼬　가　잔　바오　니에우
B: Cảm ơn cô, gà rán bao nhiêu?

- -

A: *Gà rán của em đây.*

B: *Cảm ơn cô, gà rán bao nhiêu?*

● **한글해석**

A: 치킨 여기요.

B: 고맙습니다, 치킨은 얼마예요?

정자체 쓰기

필기체 쓰기

몯 짬 남 므어이 응인　돔
A: 150 nghìn đồng.

꼬　꺼　띠엔 래　콤
B: Cô có tiền lẻ không?

꺼
A: Có.

- -

A: *150 nghìn đồng.*

B: *Cô có tiền lẻ không?*

A: *Có.*

● **한글 해석**

A: 15만 동이에요.

B: 아주머니는 잔돈이 있으세요?

A: 있어요.

정자체 쓰기

필기체 쓰기

베트남어 회화 연습

쩌 앰 그이 띠엔
A: Cho em gửi tiền.

띠엔 래 더이
B: Tiền lẻ đây.

깜 언
A: Cảm ơn.

- -

A: Cho em gửi tiền.

B: Tiền lẻ đây.

A: Cảm ơn.

● 한글 해석

A: 돈 여기요.

B: 잔돈 여기요.

A: 고맙습니다.

정자체 **쓰기**

- -

필기체 **쓰기**

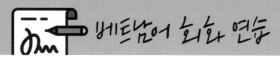

Bài 19

아잉 어이 안 가 쟌 디
A: Anh ơi, ăn gà rán đi.

아잉 당 헙
B: Anh đang học.

앰 안 니에우 쩌 너 디
Em ăn nhiều cho no đi.

- -

A: *Anh ơi, ăn gà rán đi.*

B: *Anh đang học.*

Em ăn nhiều cho no đi.

● **한글해석**

A: 오빠, 치킨 먹어.

B: 나는 공부하고 있어.

너나 배부르게 많이 먹어.

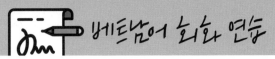

가　잔　꾸아　아잉　어　더우
A: Gà rán của anh ở đâu?

앰　데　쩜　뚜　라잉
B: Em để trong tủ lạnh.

- -

A: *Gà rán của anh ở đâu?*

B: *Em để trong tủ lạnh.*

●**한글해석**

A: 내 치킨은 어디에 있어?

B: 내가 냉장고 안에 뒀어.

정자체 쓰기

- -

필기체 쓰기

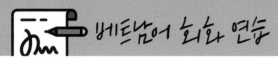

싸오 아잉 콤 안 키 앰 안
A: Sao anh không ăn khi em ăn?

임 디
B: Im đi!

- -

A: *Sao anh không ăn khi em ăn?*

B: *Im đi!*

● 한글 해석

A: 왜 내가 먹을 때 안 먹었어?

B: 조용히 해!

정자체 쓰기

- -

필기체 쓰기

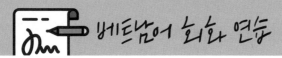

쯔억 키 응우 거이 쩌 매 디
A: Trước khi ngủ, gọi cho mẹ đi.

아잉 거이 디
B: Anh gọi đi.

- -

A: *Trước khi ngủ, gọi cho mẹ đi.*

B: *Anh gọi đi.*

● 한글해석

A: 자기 전에, 엄마한테 전화해.

B: 오빠가 전화해.

정자체 쓰기

- -

필기체 쓰기

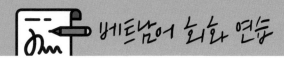

아잉　　당　안　마　앰　거이　디
A: Anh đang ăn mà, em gọi đi.

앰　　당　응우　마
B: Em đang ngủ mà.

- -

A: *Anh đang ăn mà, em gọi đi.*

B: *Em đang ngủ mà.*

● **한글 해석**

A: 나는 먹고 있잖아, 네가 걸어.

B: 나는 자고 있잖아.

정자체 쓰기

필기체 쓰기

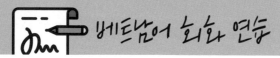

Bai 24

아잉 무어 가 잔 쩌 앰 마
A: Anh mua gà rán cho em mà.

거이 쯔억 응우 싸우
Gọi trước, ngủ sau.

- -

A: *Anh mua gà rán cho em mà.*

Gọi trước, ngủ sau.

● **한글해석**

A: 내가 너를 위해 치킨을 사줬잖아.

전화를 먼저 하고, 나중에 자.

정자체 쓰기

필기체 쓰기

메모장